BIBLIOTHÈQUE
Economique.

TOME VI.

IMPRIMERIE DE CASIMIR,
rue de la Vieille-Monnaie, n° 12.

HISTOIRE

DE

LA GRÈCE

ANCIENNE.

L'instruction est l'amie de tous.

A PARIS,
CHEZ DAUTHEREAU,
A LA LIBRAIRIE AU RABAIS,
Grande cour du Palais-Royal, côté du Théâtre-Français, nº 21 *bis*.
1826.

HISTOIRE
DE
LA GRÈCE
ANCIENNE.

Le territoire de l'ancienne Grèce avait à peine autant d'étendue qu'un quart de la France. Ses bornes étaient, à l'orient, la mer Égée (l'Archipel); au midi, la mer de Crète ou de Candie; à l'occident, la mer Ionienne; au septentrion, l'Illyrie et la Thrace.

Presque entièrement ceinte par la mer, dont les ondes, en outre, plongent profondément dans son sein par différens golfes; hérissée dans son contour de promontoires; sillonnée en tous sens par des fleuves nombreux; entrecoupée de vallées et de montagnes également resplendissantes d'une végétation riche et variée; exposée sous un climat doux et vivifiant; recouverte d'un ciel pur, cette contrée fut long-temps l'une des plus fertiles, des plus florissantes, et est encore maintenant l'une des plus pittoresques de l'univers.

Une terre aussi favorisée dut exercer une influence heureuse sur le caractère de ses habitans : aussi, les Grecs furent-ils le peuple le plus spirituel et le plus sensible de l'antiquité. Leur imagination riche et pittoresque, comme le sol qui les portait, réfléchit sur les beautés muettes, qui le parsemaient, la brillante couleur qu'elle en avait reçue. Chaque objet, autour d'eux, s'anima de leur vue, et vécut de leurs passions. Ils se créèrent une religion toute de sentiment. Le ciel, l'onde, la terre, les airs, se peuplèrent de leurs divinités. Il n'y eut pas dans la nature un phénomène auquel un dieu, une déesse ou une nymphe ne présidât. L'Aurore, aux doigts de rose, ouvrit chaque matin les portes diaphanes de l'orient aux chevaux du Soleil, impatiens de commencer leur course journalière; les profondeurs des volcans furent d'immenses fournaises, où de gigantesques et hideux Cyclopes forgeaient la foudre et les armes des héros. Sur ce mont était le séjour du souverain des cieux; sur cet autre, il avait été nourri par les nymphes; sur celui-là encore, les Muses faisaient entendre leur mélodieux concert, où Diane chasseresse se plaisait à y guider, à la poursuite du cerf agile, le chœur de ses jeunes compagnes. Le mortel qui eut le bonheur de croire à ces ravissantes erreurs, s'imagina sans doute, en se désaltérant dans l'onde claire d'une fontaine, presser les lèvres fraîches de la Naïade dont son cristal était le séjour. L'herbe tendre des prairies lui parut porter la trace *récente* du pied léger des *Napées*, et il crut voir celui des sveltes Oréades empreint sur la pente sinueuse ou glissante des collines et des monts. A ses yeux, les forêts abritèrent, sous leurs voûtes verdoyantes, l'innombrable famille des Dryades dont elles étaient le domaine; chaque arbre, en outre, recéla sous son écorce une nymphe dont l'existence était liée à la sienne. La *foule* des Néréïdes fit, en se jouant, rider la surface des flots, tandis que les enfans d'Éole agitaient, de leurs bruyans débats, l'immense vide des airs. Ce ne fut pas tout : chaque espèce d'arbre, de fleur, les hôtes des bois, ceux des airs et de l'onde, furent le produit de quelque métamorphose, fruit elle-même d'une histoire intéressante. Ainsi, il n'y eut pas pour les Grecs, dans la nature, un seul objet dont l'aspect ou le souvenir n'éveillât dans leur cœur une sensation douce, touchante ou terrible, mais dans tous les cas attachante. Ajoutons encore que leur langage le plus riche, le plus sonore, le plus harmonieux qu'aient jamais parlé des hommes, n'était au-dessous d'aucune espèce d'image, et que, loin d'en affaiblir l'impression, il la fortifiait au contraire de son charme musical.

On doit donc s'attendre à trouver le berceau de la nation grecque enveloppé d'une multitude de fables, absurdes, pour la plupart, mais empreintes d'un coloris qui séduit. Ses dieux, du moins les principaux, ne furent, selon toute apparence, que ses chefs les plus anciens, et ceux qui, les premiers, lui enseignèrent les arts les plus nécessaires à l'existence. Elle crut, sans doute, que l'âme des hommes bienfaiteurs de leur espèce, participait de la divinité, ou, du moins, était digne des honneurs qu'on rendait à celle-ci, et, en conséquence, elle les déifia. Il y avait dans une telle croyance, ou dans une telle reconnaissance, quelque chose de bien moral et de véritablement grand.

Nous ne rechercherons point, avec d'autres historiens, d'où sont venus les hommes qui ont les premiers habité la Grèce; pour nous, il nous semble, non qu'ils y vinrent, mais qu'ils y naquirent. Nous pensons, comme la plupart des modernes, et avec beaucoup d'anciens, que la terre fut habitée simultanément partout où elle fut habitable, et que l'homme naît naturellement là où la nature produit ce qui est propre à son aliment et à sa conservation.

Cependant il est présumable que le territoire de la Grèce fut moins anciennement peuplé que le plateau beaucoup plus élevé de l'Asie. Quelques géologistes ont même soupçonné qu'il avait dû être long-temps entièrement couvert par les eaux; et les traditions locales mentionnent deux grandes inondations, postérieurement à l'époque où la Genèse place le déluge universel. La première, appelée du nom d'Ogygès, arriva mille sept cent quatre-vingt-seize ans avant l'ère chrétienne; la seconde (le déluge de Deucalion), environ deux siècles après, sous le règne de l'athénien Cranaüs.

La Grèce ancienne, géographiquement parlant, se pouvait diviser en cinq parties : la Grèce proprement dite, où étaient Athènes, Mégare, Thèbes, Delphes, etc.; le Péloponèse, qui tirait son nom du phrygien Pélops, et avait pour principales villes Corinthe, Sicyone, Messène, Sparte ou Lacédémone, Argos, Mycènes, Épidaure; la Thessalie qui possédait peu de villes célèbres, mais où étaient les Thermopyles, le mont Olympe et la délicieuse vallée de Tempé, Philippes, Pallène, le mont Athos; les colonies d'Asie, Phocée, Smyrne, Clazomène, Colophon, Éphèse, Halicarnasse, éparses dans l'Éolie, l'Ionie et la Doride, et enfin, les îles dont les plus célèbres étaient la Crète, l'Eubée,

Corcyre, Cythère, Itaque, Samos, Salamine, Paros, Délos, Lemnos, Lesbos, Chios, Samothrace, etc..

On y ajouta depuis deux autres régions, la Macédoine et l'Épire, longtemps barbares, et qui pour cela n'entreront que fort tard dans l'histoire de la Grèce, à laquelle même on pourrait les considérer comme étrangères.

La langue que parlaient les peuples de ces diverses contrées, admettait quatre variétés, appelées dialectes; ces dialectes différant fort peu l'un de l'autre, et également entendus dans toute la Grèce, étaient l'*attique*, *l'ionien*, *le dorique*, l'*éolien*. Homère les a réunis tous les quatre dans son Iliade, mais l'attique était le plus usité.

La Grèce fut, de temps immémorial, partagée en un grand nombre de petits états, sans égard à la division géographique que nous venons de décrire. Les principaux furent ceux d'Athènes, de Sparte, d'Argos, de Mycènes, de Thèbes, de Corinthe, de Sicyone. Ce dernier dont on fait remonter l'origine à l'an 1313, avant la première olympiade (2089 avant Jésus-Christ), est regardé comme le plus ancien de tous. Le gouvernement de ces différens états, qui, d'abord fut monarchique, devint, dans la suite, selon la progression nécessaire de toute société, plus ou moins républicain. S'il est naturel que les hommes, encore barbares, se donnent à un maître moins ignorant et plus habile qu'eux, il ne l'est pas moins, que, lorsqu'ils se sont éclairés, ils réclament l'imprescriptible droit de veiller, d'une manière indirecte au moins, aux intérêts de la communauté dont ils font partie.

Athènes était, en quelque sorte, regardée comme la capitale de tous ces états. Ce n'est pas qu'elle eut sur la plupart des autres villes aucun droit reconnu, ni même qu'elle fut toujours aussi puissante que Sparte, mais dans ses murs florissaient plus particulièrement le génie et sa sœur, la liberté.

Le premier roi d'Athènes ou plutôt de l'Attique (vers 1558 av. J.-C.) fut un égyptien nommé Cécrops. Étranger au pays dont il prenait le gouvernement, il ne put avoir sur ses habitans d'influence que par la persuasion, par les lumières et les arts qu'il leur apportait. Ce dut donc être un monarque tout à la fois législateur et instituteur de son peuple. Il établit l'aréopage.

Ses successeurs les plus proches furent Cranaüs et Amphiction. On dut au dernier l'institution d'un congrès de douze peuples qui, depuis, se tint deux fois l'an aux Termopyles, et fut appelé de son nom *le conseil des Amphictions*.

Les autres rois de l'Attique furent principalement Érechtée, qui inventa, ou plutôt perfectionna l'art du labourage; Égée, contemporain d'Hercule, de Minos et des Argonautes; et son fils Thésée, célèbre par tant de fabuleux exploits, qui forma Athènes de la réunion de douze bourgs, jusqu'alors, séparément administrés. Tous ces noms, à proprement parler, appartiennent plutôt à la mythologie qu'à l'histoire.

Le dernier roi de l'ancienne monarchie athénienne fut Codrus, qui se sacrifia pour le salut de son peuple. Dans une guerre qu'il eut à soutenir contre les Mégariens, l'oracle ayant prédit que celui des deux partis dont le roi périrait dans la bataille, serait victorieux, Codrus se déguisa en paysan, provoqua un soldat de Mégare, et s'en fit tuer; les Mégariens n'eurent pas plus tôt reconnu qui il était, qu'ils se retirèrent sans combattre, et abandonnèrent la victoire à leurs ennemis.

Un roi, d'un caractère aussi héroïque, devait, à ce qu'il semble, faire aimer la royauté, mais les Athéniens commençaient dès-lors à s'en dégoûter. Ils lui substituèrent une magistrature à vie, dont Médon, l'un des fils de Codrus, fut le premier revêtu, sous le titre d'archonte. La durée de cette charge leur paraissait encore trop la rapprocher du gouvernement monarchique; les archontes ne furent bientôt plus élus que pour dix ans, et enfin, pour un seul.

Le premier roi de Sparte dont l'histoire fasse mention, est Léley, qui régnait vers l'an 1516 avant l'ère chrétienne, et dont l'on ne connaît rien que le nom. On ne sait même pas celui de ses successeurs, jusqu'au neuvième, qui fut Tindare, père des deux Tindarides (Castor et Pollux), et de Clytemnestre et d'Hélène, dont la dernière, par sa condescendance aux désirs adultères de Pâris, devint l'occasion de la fameuse guerre de Troie (1194 ans avant l'ère chrétienne). Près d'un siècle plus tard, deux des Héraclides, ou descendans d'Hercule, s'emparèrent de Sparte, et, s'en étant partagé la souveraineté, y fondèrent la double dynastie qui s'y maintint si long-temps. Les deux branches qui la formaient furent, selon Hérodote, toujours en opposition.

Inachus, que les chronologistes font contemporain d'Abraham, passe pour le fondateur de la monarchie d'Argos. On range au nombre de ses successeurs, Phronée, son fils, Apis, Argus, Gélanor, qui fut dépouillé par l'Égyptien Danaüs, père des Danaïdes, détrôné lui-même par son gendre Lyncée, fils de son frère Égyptus. Les rejetons de cette dynastie nouvelle furent Abas, Prœctus, Acrisius, père de Danaë et aïeul de Persée. Ce dernier transféra le siége de son gouvernement à Mycènes, où il eut pour successeurs Électryon, Sténélus, Eurysthée, si connu par l'inimitié dont, selon la fable, il poursuivit Hercule; Atrée, son oncle maternel, non moins odieusement célèbre; Plysthène, fils d'Atrée; Agamemnon, fils de Plysthène et époux de Clytemnestre, née, ainsi que nous l'avons vu, de Tyndare, roi de Sparte. Ce fut lui principalement qui engagea la Grèce à prendre les intérêts de son frère Ménélas, époux de l'infidèle Hélène. Il fut nommé généralissime des troupes confédérées, et vit sous ses drapeaux les plus illustres capitaines de ce temps héroïque, Nestor, Philoctète, Ajax, Diomède, Ulysse, Achille, Idoménée, et une foule d'autres. Au retour de cette guerre, qui dura dix ans, et se termina, comme on sait, par la prise de cette ville, Agamemnon périt victime de la trahison de Clytemnestre, qui mit sa couronne sur la tête d'Égyste, son séducteur et son complice. Oreste, vengeur de son père, la lui ravit avec la vie, et, dans l'exaspération de son ressentiment, n'épargna pas même le sein maternel. Ses deux fils, Tisamène et Penthice, qui lui succédèrent, furent détrônés par les Héraclides.

Cadmus vint des côtes de la Phénicie fonder la ville et le royaume de Thèbes. Il passe pour avoir enseigné aux Grecs l'usage des vingt-deux premières lettres de leur alphabet. On ne connaît guère de ses successeurs que la famille incestueuse de Laïus, le fameux Œdipe, et ses deux fils Étéocle et Polynice.

Corinthe, long-temps soumise aux rois d'Argos et de Mycènes, ne forma une monarchie indépendante, que deux siècles environ avant la guerre de Troie, sous Sysiphe, fils d'Éole, dont la race régna plus de trois cents ans. Successivement régie ensuite par la famille des Héraclides, et par les descendans d'un roi nommé Bacchis, elle se lassa du gouvernement monarchique, et obéit pendant long-temps à un conseil de vieillards et de primats, qui désignaient annuellement un premier magistrat appelé prytannis. Enfin, Cypsélus y rétablit la puissance souveraine, qu'il transmit héréditairement à son fils Périandre, l'un des sept sages de la Grèce.

Nous saisirons ici l'occasion de placer le nom de ces sept immortels : ce furent, outre Périandre, Solon, le législateur d'Athènes; Thalès de Milet, philosophe et astronome; Bias, Chilon, Cléobule et Pittacus, roi de Mithylène, que n'épargna pas la muse satirique du poëte Alcée, son compatriote et même son ami, avant qu'il eût accepté l'autorité suprême. On est surpris, au premier abord, de trouver deux rois, et, pour employer le langage des Grecs, deux tyrans, au nombre de ces hommes qui professaient pour le vain éclat qui se tire de la puissance, le mépris le plus souverain. Aussi peut-on ne voir en eux que des amateurs de sagesse. Ils furent sages, sans doute, comme Frédéric le Grand fut depuis philosophe, comme tant de rois ont été saints dans le moyen âge, par la grâce de Dieu.

Cependant, il est juste de le dire, Pittacus mérita jusqu'à un certain point, l'honneur qui lui fut fait; car, n'étant encore que simple citoyen, il s'était dévoué pour sa patrie, et, après avoir gouverné pendant dix années avec talent et modération, il abdiqua.

Jusqu'ici l'on a vu, comme nous l'avions fait pressentir, la fable unie à l'histoire, ou plutôt les noms fabuleux entremêlés aux noms historiques; car il suffit bien souvent de dépouiller les fables de ce qu'elles ont de merveilleux pour les faire rentrer dans la classe des récits ordinaires. Nous écrirons désormais d'après des traditions beaucoup moins incertaines. De l'établissement du système républicain datera l'ère purement historique des divers états de la Grèce.

Nous avons déjà dit que ces états, originairement monarchiques, adoptèrent, à mesure qu'ils s'avancèrent en civilisation, des constitutions plus ou moins républicaines. Nous esquisserons celle de Sparte qu'on peut considérer comme le type des gouvernemens mixtes, appelés par les modernes représentatifs, et celle d'Athènes ayant plus particulièrement pour base le principe démocratique.

D'ailleurs l'histoire de ces deux villes contiendra désormais celle de la Grèce entière, car toutes les autres leur étaient ou sujettes, ou alliées. Une multitude de petites républiques florissaient sous l'égide de leur puissance, et conservaient leur indépendance à la faveur de leur interminable rivalité.

La Grèce ne maintint sa liberté qu'autant que dura cet équilibre, c'est-à-dire jusqu'à ce que la monarchie macédonienne fît irruption dans son système politique, auquel elle était jusqu'alors restée étrangère.

Le législateur de Sparte fut Lycurgue, fils d'Eunomus, l'un des deux rois de cette ville. Pouvant régner sur ses concitoyens, il trouva plus glorieux de les réformer. Il refusa la royauté qui lui était offerte au préjudice de son neveu (Charilaüs, fils de Polydecte), mais il fit servir l'autorité que lui donnait la tutelle du jeune prince à l'établissement d'une constitution dont il était allé recueillir les élémens en Crète, en Asie et même en Égypte. Voici quelles en furent les principales dispositions :

Pour remédier à l'extrême misère du plus grand nombre, fruit de l'excessive opulence de quelques-uns, il divisa le territoire de Sparte, par portions égales, entre tous ses habitans; il décréta sans doute, en outre, l'inaliénabilité de chacune de ces portions.

Mais, afin de fixer plus irrévocablement encore l'égalité des biens, il bannit de l'état les arts et les métiers de luxe, et ordonna que tous les citoyens mangeraient en public et à frais communs, en sorte qu'aucun ne pouvant désormais surpasser les autres en sensualité ou en magnificence, la richesse, faute d'objets auxquels on l'employât, cessa d'être désirable, et par conséquent désirée.

Afin qu'il ne vînt dans l'idée de personne d'aller consumer au dehors de l'état les économies faites dans son sein, il substitua à la monnaie d'or et d'argent, une monnaie de fer, que son poids et son volume rendaient extrêmement difficile à transporter, et plus difficile encore à placer parmi les autres peuples de la Grèce.

Ce ne fut pas tout. Des lois qui contrariaient les mœurs établies, n'eussent pu subsister long-temps. Il entreprit la tâche difficile de refaire les mœurs conformément à ces lois, et en vint à bout.

Pour y parvenir, il fallait prendre, en quelque sorte, les générations futures à leur source. Il proclama ce principe, que les enfans appartenaient moins à leurs parens qu'à l'état. Il ordonna d'exposer, c'est-à-dire d'abandonner à la mort, ceux qui naîtraient avec une constitution trop faible, pour supporter l'éducation qu'il se proposait d'établir. Il voulut que ceux qu'on conserverait, fussent tous élevés uniformément par des maîtres choisis et entretenus par le gouvernement, et que, pour développer tout à la fois en eux la force du corps et celle de l'âme, on les soumît aux exercices les plus rudes et aux privations les plus dures.

On les habituait de bonne heure à la lutte, à la fatigue des marches forcées; à coucher sur la terre nue, à vivre de pain et d'eau, et même à s'en passer pendant d'assez longs intervalles; à ne témoigner aucune peur, à quelques périls qu'ils se trouvassent exposés; à préférer toujours l'intérêt de la communauté au leur propre, à n'estimer d'autre éclat que celui qui se tire des qualités inhérentes à la personne, telles que la vertu, la dextérité et le courage, en sorte que la sobriété, l'amour de la patrie, le mépris des dangers, de la mollesse et du luxe formassent le fond de leurs mœurs.

La fuite était pour celui qui la prenait devant l'ennemi, une tache ineffaçable. Il était exclu des emplois, des spectacles, et pour ainsi dire (s'il n'était point marié) , des familles qui répugnaient à s'allier à lui. Les autres citoyens ne l'admettaient plus à leur table, et il ne trouvait de refuge que dans le rebut de l'état.

On habituait les enfans à être sobres de paroles ; de là, le style laconique a passé en proverbe. On leur inspirait un respect presque religieux pour la vieillesse; ce qui faisait dire à un ancien, qu'à Sparte il était beau de vieillir.

Lycurgue réserva exclusivement aux ilotes les travaux tant mécaniques qu'agricoles. Il les interdit aux Spartiates et les plaça ainsi entre l'oisiveté et la guerre.

Il leur permit le vol, pourvu toutefois qu'ils ne se laissassent pas prendre en flagrant délit, soit afin de les exercer à la dextérité, comme l'ont pensé quelques écrivains, soit qu'il eût l'intention d'inspirer plus de vigilance à ceux qui possédaient, soit plutôt enfin, qu'il voulût mettre la moindre restriction possible à la communauté des biens.

De telles institutions étaient propres à former un peuple de conquérans, mais, par une contradiction remarquable, il était défendu aux Spartiates de conquérir.

Lycurgue avait bien senti, que, si l'esprit de conquête s'emparait d'eux, c'en était fait de l'observance de ses lois. Il n'était pas présumable qu'ils se résignassent à demeurer plus pauvres que ceux qu'ils auraient soumis.

Aussi fit-il un précepte de ne poursuivre l'ennemi qu'autant qu'il le fallait pour s'assurer la victoire.

Ce sage législateur avait commencé d'abord par faire quelque changement à la forme du gouvernement. Il avait institué, pour balancer l'autorité des deux rois, un conseil de vingt-huit sénateurs dont ils étaient comme les présidens. Dans la suite, ce contrepoids ne paraissant pas encore suffisant, le peuple obtint, sous le roi Théopompe, la permission d'élire des magistrats annuels : de là, les éphores. L'épouse de Théopompe lui reprochant qu'il laisserait à ses successeurs la royauté moindre qu'il ne l'avait reçue : « Bien « au contraire, répondit-il, je la leur « laisserai plus considérable, car elle « sera plus assurée. » La suite prouva combien il avait raison.

Les princes de Sparte étaient moins des rois que des consuls héréditaires, dont tout le privilége consistait à toucher un certain revenu, à avoir voix délibérative dans le sénat, et à commander les armées. Les éphores avaient le droit de les mettre en jugement et de les conduire en prison. Comme en outre les sénateurs ne transmettaient point héréditairement leur dignité, qu'ils étaient, ainsi que les éphores, nommés par le peuple, sans l'assentiment duquel aucune décision d'ailleurs n'avait force de loi, il est évident que l'élément démocratique dominait dans le gouvernement de cette ville. La souveraineté y résidait dans le peuple; seulement il n'en avait pas l'exercice comme à Athènes, ce qui constitue la véritable démocratie.

Lycurgue, après avoir achevé le recueil de ses lois, annonça qu'il allait à Delphes, afin de consulter l'oracle sur les modifications dont elles pouvaient être susceptibles. Avant de partir, il fit jurer à tous les citoyens de les observer religieusement jusqu'à son retour; mais, comme sans doute il avait, dès-lors, l'intention de ne pas revenir, c'était les y obliger pour toujours. On dit qu'il alla effectivement à Delphes, et qu'après avoir pris la résolution de se laisser mourir de faim, il recommanda qu'on jetât, lorsqu'il ne serait plus, ses restes à la mer, de peur que les Lacédémoniens ne s'imaginassent pouvoir, en les rapportant dans leurs murs, se délier de leur serment.

A quelque temps de là, sous le règne de Théopompe, Sparte arma contre Argos, au sujet d'un territoire nommé le Tyrrée, dont l'une et l'autre réclamait la propriété. On convint, après quelques débats, de remettre la décision de ce différend à trois cents guerriers des plus braves de chaque parti; c'était en grand le combat des Horaces et des Curiaces. On combattit de part et d'autre avec tant de fureur, qu'à la nuit il ne restait plus de vivant qu'un Spartiate et deux Argiens. Les deux Argiens, ne se croyant plus d'ennemis, allèrent dans leur ville annoncer leur triomphe; mais le Lacédémonien resta sur le champ de bataille, et ne revint au camp que chargé des dépouilles qu'il en avait enlevées. Ceci fut cause que ce carnage, de près de six cents hommes, ne décida rien, chacun des deux partis s'attribuant la victoire, et que les deux armées ennemies n'en vinrent pas moins aux mains. Les Lacédémoniens furent vainqueurs, mais ils avaient payé bien cher la possession de quelques arpens de terrain.

Il n'y eut pas loin de cette guerre contre Argos, à la première de Messénie, commencée l'an deuxième de la neuvième olympiade, ou la trente-quatrième depuis l'établissement des jeux olympiques (sept cent quarante-trois ans avant Jésus-Christ). Théopompe et Polydore étaient alors rois de Sparte, et Euphaës de Messénie. Les Lacédémoniens reprochaient aux Messéniens le meurtre d'un de leurs rois, et un outrage fait par eux à la pudeur de quelques-unes de leurs jeunes filles. Ils s'en vengèrent cruellement, dès l'ouverture de la campagne, par le sac d'Amphée, petite ville de Messénie. Les Messéniens, affaiblis moins par les combats que par la famine et la peste, qui en fut la suite, concentrèrent leurs forces au sommet du mont Itôme. Les Lacédémoniens, qui s'étaient engagés par serment à ne point rentrer dans leur ville que leurs ennemis ne fussent soumis, les y tinrent assiégés pendant sept années. Craignant alors que le nombre des citoyens de Sparte ne vînt à trop diminuer pendant leur absence, par suite de la stérilité forcée de leurs femmes, ils les autorisèrent à violer la fidélité qu'elles leur devaient. Des liaisons adultères qu'elles formèrent en conséquence de cette permission, naquirent les *Parthéniens*, qui allèrent dans la suite, sous la conduite de l'un d'eux, s'emparer, en Italie, de la ville de Tarente.

La même année que les Spartiates prirent la résolution, certainement patriotique, que nous venons de mentionner, ils furent contraints, après une bataille sanglante, d'abandonner le blocus d'Itôme. Ils essuyèrent, plusieurs années après, un échec encore plus complet, dans lequel fut pris leur roi Théopompe. Aristhomène, qui avait succédé à Euphaës, blessé à mort dans la précédente bataille, se sacrifia avec trois cents des siens à Jupiter d'Itôme. Il s'immola lui-même pour obéir à un oracle. Le fanatisme fait donc des victimes dans tous les cultes ?

Les Messéniens n'éprouvèrent plus, depuis, que des revers. Réduits enfin à abandonner la dernière limite du territoire qu'ils avaient défendu vingt ans, ils y rentrèrent aux conditions qu'il plut à leurs ennemis de leur imposer. Ceux-ci les leur firent d'abord assez douces, mais ils se repentirent par la suite de leur modération. La longue résistance des Messéniens eût dû cependant leur apprendre qu'il n'était pas prudent de les trop opprimer. En effet, après quarante ans de soumission, ils se révoltèrent. Ils furent soutenus des Argiens, des peuples de l'Élide et de Sicyone, auxquels la puissance toujours croissante des Spartiates portait ombrage. Ceux-ci, dans le premier combat qu'ils engagèrent, furent battus complétement. Leur détresse enhardit à se déclarer contre eux plusieurs villes, que la crainte seule de leur puissance en avait jusqu'alors empêché. L'oracle de Delphes qu'ils consultèrent, dans cette conjoncture critique, leur répondit qu'ils ne vaincraient, que lorsqu'ils auraient un Athénien pour chef.

Le peuple d'Athènes qui leur portait envie, leur envoya, non pas un de ses généraux, mais un de ses poëtes appelé Tyrthée. Les Spartiates éprouvèrent sous ses ordres trois défaites successives. Les deux rois, Alexandre et 'Anaximade, parlèrent alors d'abandonner la guerre et de retourner à Sparte, mais Tyrthée, par les accens d'une poésie sublime, sut si bien animer les troupes, il leur inspira un si ferme dessein de vaincre ou de mourir, qu'elles triomphèrent complétement dans une quatrième bataille. Les Messéniens, retirés sur la crête du mont Ira, s'y maintinrent pendant onze ans, et n'en purent être chassés que par trahison. Ceux qui tombèrent entre les Lacédémoniens accrurent le nombre des Ilotes. Les autres trouvèrent une nouvelle patrie au sein des murs de Zancle, ville de Sicile, qui fut depuis, de leur nom, appelée Messène. Leur chef Aristomène se retira chez son beau-père, roi ou tyran de Rhodes, où il mourut au bout de quatorze années. Telle fut (l'an 670 avant J.-C.) l'issue de la seconde guerre de Messénie.

Tyrthée ,en récompense du service qu'il avait rendu à Sparte, fut admis au nombre de ses citoyens.

Depuis, la puissance des Lacédémoniens alla toujours en croissant; mais on ne voit pas dans les écrivains qui en ont parlé qu'ils aient rien fait de mémorable, jusqu'à l'époque de la première irruption des Perses, époque à laquelle la Grèce deviendra une pour ainsi dire, et où la vie politique de ses différens peuples se confondra dans une même histoire.

Exposons maintenant, comme nous nous y sommes engagés, le précis de la constitution d'Athènes. Quant aux événemens qui eurent lieu depuis l'abolition de la royauté jusqu'à l'établissement de cette constitution, ils sont trop peu connus, pour que nous entreprenions de les décrire.

Solon fut le législateur d'Athènes, comme Lycurgue l'avait été de Sparte, mais avec cette différence que Lycurgue imposa des lois à sa patrie, et que les Athéniens prièrent Solon de leur en donner. Vingt ans auparavant (624 ans avant J.-C.) ils en avaient déjà demandé à Dracon, mais ce sage, qui d'avance professait les principes, qui, dans la suite, firent le fond de la philosophie stoïque, ne voyant point de différence dans les délits, n'avait point mis de gradation dans leur châtiment. Il n'avait établi qu'une seule peine : la mort. Aussi ses lois, au lieu de servir de frein au désordre, n'avaient fait, au contraire, que l'accroître, car il ne s'était point trouvé de juges assez barbares pour les appliquer.

Solon ne disposant point, comme Lycurgue, d'une force coërcitive, ne put, de même que lui, faire, pour ainsi dire, un peuple qu'il appliquât à une utopie politique, mais seulement établir des lois applicables au peuple qui l'avait chargé de le constituer. Aussi devait-il dire que ces lois étaient, *non pas les meilleures qu'il eut pu donner, mais les meilleures que les Athéniens fussent en état de supporter.*

Il n'osa pas, de peur d'une opposition trop vive, ordonner, comme à Sparte, le partage des biens; mais il proclama l'abolition des dettes, et rendit ainsi à la liberté une foule de citoyens pauvres, que d'insatiables créanciers, après les avoir dépouillés de tout par d'énormes usures, avaient réduits en esclavage, en vertu d'un usage existant alors.

Il conserva à tout citoyen le droit de voter dans l'assemblée du peuple, pour la décision des affaires sommaires et l'élection des magistrats; mais il établit, en prenant la propriété pour base, trois degrés d'éligibilité. Ce fut, sans doute, une concession que le sage Athénien fit à la faction des grands, car il avait trop souvent manifesté le mépris des richesses, pour les croire un garant bien sûr de l'incorruptibilité.

Il institua un conseil de quatre cents sénateurs chargés de délibérer sur les questions qui devaient être soumises au peuple, afin qu'elles lui parvinssent toutes éclaircies et qu'il n'eût plus qu'à décider. Anacharsis pensait qu'il y avait peu de prudence « à ne donner « ainsi aux sages que la délibération, « et à abandonner la décision aux « fous. » Mais, ce sentiment du philosophe scythe nous semble lui-même peu réfléchi. Il y a, comme l'a dit, nous ne savons quel écrivain moderne, quelqu'un qui est plus sage que tous les sages, au moins relativement aux choses qui l'intéressent, et ce quelqu'un, c'est le public.

Solon étendit les attributions de l'aréopage et lui confia le dépôt des lois.

L'une des plus remarquables qu'il ait portées, fut celle qui déclarait infâmes et rendait passifs du bannissement, ainsi que de la confiscation de leurs biens, les citoyens qui, dans les dissensions civiles, ne prenaient aucun parti : c'était un moyen assuré de connaître le vœu de la majorité, et, par conséquent, de faire triompher la cause la plus avantageuse au bien public; car la majorité des citoyens veut et sent toujours, quoiqu'on en dise, ce qui lui convient. Si l'on a vu trop souvent, dans tous les états, des factions opprimées, c'est que les masses y sont presque toujours demeurées non pas indifférentes, mais inactives. Ce sont moins les ambitieux que les neutres, qui perdent la liberté des peuples.

Aux yeux du sage législateur, l'indifférence morale n'était pas moins pernicieuse à un état que l'indifférence politique, mais il ne pouvait ordonner aux citoyens de se porter accusateurs de tous les torts privés qui parviendraient à leur connaissance : il dut se contenter de le leur permettre et de les y exhorter.

Un fonds assez considérable était affecté aux prix des vainqueurs dans les jeux olympiques et isthmiques : Solon décida qu'on en emploierait une partie à récompenser les défenseurs de l'état.

Il prit plusieurs dispositions pour prévenir l'oisiveté, source de l'immoralité du pauvre. L'enfant, auquel on n'avait point fait apprendre de métier, était, ainsi que celui qui était né d'une courtisane, dispensé de secourir ses parens tombés dans l'indigence.

Il défendit de dire rien qui fût injurieux aux morts.

Il s'attacha à réprimer l'adultère.

Mais il établit, à cet effet, selon la différence des sexes, une inégalité de peines dont on a lieu d'être surpris.

Enfin, il abrogea toutes les lois de Dracon, à l'exception de celles qui punissaient l'homicide ; et, comme on lui demandait s'il n'en porterait point une contre le parricide, il répondit qu'on ne devait pas supposer qu'un aussi horrible crime pût jamais être commis, et que lui destiner une peine, ce serait, en quelque sorte, y provoquer.

Après avoir fait jurer aux Athéniens qu'ils observeraient, pendant un siècle au moins, la constitution qu'il leur avait donnée, Solon partit pour aller visiter l'Asie. De retour au bout de dix ans, il trouva sa patrie en proie aux dissensions civiles. Trois partis, qu'il croyait y avoir éteints, s'y étaient réveillés pendant son absence. Ces trois partis étaient : celui des montagnards et de la nombreuse classe des artisans et des prolétaires, partisans déclarés du gouvernement démocratique; celui des riches propriétaires de la ville et de la plaine, portés pour une constitution plus démocratique que celle qui venait d'être établie; enfin, celui des habitans de la côte qui tenaient, par leurs opinions, le milieu entre les deux autres. Pisistrate, l'un des plus opulens parmi les habitans de la ville, se jeta dans le premier, qui était le plus puissant, et lui devint bientôt cher par ses manières prévenantes et affables, par ses qualités brillantes, et surtout par son zèle affecté pour l'égalité civile. S'étant fait décerner, par son moyen, une garde de cinquante hommes, pour le défendre de ses ennemis politiques, qui, disait-il, avaient essayé de l'assassiner, il en augmenta insensiblement le nombre, et finit, après s'être emparé de l'Acropolis (la citadelle), par opprimer, non-seulement les deux factions qui lui étaient opposées, mais encore le parti qui l'avait élevé. Tel est, pour l'ordinaire, le sort du peuple qui, pour demeurer libre, n'est presque jamais assez économe de son enthousiasme.

Ce fut sous l'archonte Comias, au commencement de la cinquante et unième olympiade (572 ans avant Jésus-Christ) que Pisistrate rétablit, dans sa personne, à Athènes, l'autorité royale, qui y était abolie depuis près de cinq cents ans.

Solon, qui avait inutilement tenté de déjouer les desseins de cet ambitieux, ne le vit pas plus tôt arrivé à son but, qu'il ne contint plus son indignation. Quelqu'un lui demandant ce qui lui donnait la hardiesse de s'exprimer aussi librement : « La *vieillesse*, » répondit-il. Sans doute, il eût trouvé trop peu modeste de dire : *La vertu.*

Cependant Pisistrate devait user avec modération et sagesse d'une autorité mal acquise. Jamais monarchie ne fut plus paternelle et plus douce que la dictature qu'il avait usurpée. Il triompha de ses adversaires sans ensanglanter sa victoire. Ses richesses furent moins sa propriété que celle du pauvre. Il ouvrit aux Athéniens ses jardins, et même sa bibliothèque. Non-seulement il fit religieusement exécuter les lois de Solon, mais encore il insista tellement auprès de ce sage, qu'il parvint à le déterminer à entrer dans son conseil.

Tout ceci n'empêcha pourtant point que les deux principaux chefs du parti qui lui était opposé ne le chassassent d'Athènes; mais l'un d'eux, Mégaglés, le plus influent des habitans de la côte, l'y rappela bientôt, et lui donna même sa fille. Forcé d'abandonner encore une fois dans la suite les rênes du gouvernement, il parvint de nouveau à les ressaisir. Il en était possesseur paisible, lorsqu'il mourut, trente-trois ans après l'avoir usurpé. C'était un homme éloquent et fort lettré, distingué par ses talens et par sa douceur. Son seul défaut fut l'ambition, mais ce défaut unique suffit pour lui faire appliquer l'épithète odieuse de tyran. Un peuple, aussi éclairé que les Athéniens, était fait pour sentir la conséquence d'une première usurpation politique. Aussi, loin de lui savoir gré du bien qu'il leur avait, pour ainsi dire, imposé, ils ne lui pardonnèrent jamais de s'être mis en état de leur faire du mal impunément.

Solon n'avait survécu que deux ans à l'asservissement de sa patrie. Peu de temps avant, l'ingénieux Thespis avait jeté dans Athènes les fondemens de l'art théâtral.

Les deux fils de Pisistrate (Hyppias et Hypparque *), qui paraissent avoir régné conjointement, se montrèrent d'abord dignes de leur père, par la douceur de leur gouvernement, et par leur goût pour les lettres. Ils appelèrent à Athènes, des différens pays

* Thucidide lui en donne un troisième qu'il nomme Thessalus.

de la Grèce, les philosophes et les poëtes, et les y fixèrent par leurs bienfaits. Ils n'omirent aucun soin pour y populariser la science, qui déjà y était comme naturalisée. Non-seulement ils établirent des colléges où des maîtres habiles dirigeaient l'éducation des jeunes citoyens, mais encore ils érigèrent, dans toutes les rues et même sur les routes, des statues de Mercure, sur lesquelles étaient gravées des maximes propres à former l'esprit ou à élever et épurer l'âme, en sorte que la ville, et tout son territoire, étaient comme une vaste école de sagesse et de bonnes mœurs.

Mais Hypparque ayant été assassiné, le jour de la fête des Panathénées, par deux citoyens (Harmodicée et Aristogiton) qui essayèrent vainement de faire servir, à l'affranchissement de leur patrie, la vengeance d'une inimitié personnelle, son frère en prit occasion d'appesantir le joug qu'il avait jusque-là fort peu fait sentir. Il prodigua dès-lors les peines les plus rigoureuses, l'emprisonnement, le bannissement, la mort même; et, pour se fortifier contre la haine qu'il soulevait, il s'allia, par un mariage, le tyran de Lampsaque.

Cependant les exilés, dont la plupart habitaient la côte, s'étaient retirés à Sparte. Ayant vainement intercédé auprès des magistrats de cette ville, pour les déterminer à s'armer en leur faveur, ils prirent, dans le but de les y contraindre, une voie détournée qui leur réussit. Comme ils avaient pu, grâce à leur situation géographique, emporter la majeure partie de leurs richesses, qui consistaient principalement en argent et en marchandises, ils résolurent de les employer à gagner, non le conseil des Spartiates, qu'ils savaient incorruptibles, mais les prêtres du temple de Delphes, dont, peu de temps auparavant, la reconstruction avait été confiée à leurs soins. L'oracle réitéra tant de fois aux

Lacédémoniens l'ordre de délivrer Athènes de la tyrannie, qu'ils se mirent en campagne. Mais, comme ils ne le faisaient qu'à contre-cœur, ils furent battus. Cependant, ayant eu le bonheur de faire prisonniers, quelque temps après, les enfans d'Hyppias, celui-ci, meilleur père que citoyen, consentit, pour les racheter, au sacrifice de son pouvoir, qu'il avait exercé dix-huit années. Il se retira à Sygée, en Phrygie, proche de l'embouchure du Scamandre.

C'est ainsi que le gouvernement républicain fut rétabli à Athènes (508 ans avant Jésus-Christ), après une interruption d'environ un demi-siècle, la même année qu'il fut institué à Rome. On éleva des statues à Harmodicée et à Aristogiton, honneur qu'on n'avait encore rendu à personne, et leur nom fut honoré, dans la suite, presqu'à l'égal de celui des dieux.

Cependant, l'expulsion d'Hyppias n'avait pas été, pour la ville, le terme de ses déchiremens. L'anarchie y succéda à la tyrannie. De deux factions qui s'y disputaient l'autorité, la moins populaire, soutenue des Lacédémoniens, chassa l'autre, et en fut chassée à son tour. Les Lacédemoniens qui s'étaient imaginés, en concourant à la délivrance d'Athènes, s'acquérir sur elle une sorte de protectorat, conçurent alors, de dépit d'avoir été trompés daus leur attente, l'idée de rétablir le tyran. Mais l'opposition, hautement prononcée de leurs alliés, et leur propre honte, les contraignirent à renoncer à un dessein si peu conforme à la générosité.

Hyppias eut alors recours aux Perses, et leur roi Darius qu'il vint à bout d'intéresser à sa cause, par le moyen de l'un de ses frères, Arthapherne, gouverneur de Sardes, consentit à se faire le Porsenna de cet autre Tarquin. Mais nous avons à reprendre les choses d'un peu plus haut.

Aristagore, tyran de Milet, s'étant

engagé à rétablir, à la tête du gouvernement de Naxos, la plus puissante des Cyclades, une faction opulente que ses prétentions oligarchiques en avaient fait chasser, sollicita à cet effet le secours d'Arthapherne dont il vient d'être question. Cet Aristagore avait un puissant protecteur à la cour de Perse, dans la personne de son beau-père Hystiée, auquel le roi avait dû, au retour d'une expédition infructueuse contre les Scythes, de ne pas se voir fermer, par les chefs des colonies grecques, la retraite dans ses états.

Il fit parler au roi de la conquête de Naxos, comme d'une entreprise de l'exécution la plus facile ; il laissa entrevoir qu'on pourrait en partir comme d'une place d'armes pour s'emparer des autres îles de l'Archipel, et s'étendre de là dans la Grèce.

Darius accueillit d'autant mieux la proposition d'Aristagore, qu'il était lui-même occupé, depuis long-temps, du dessein que ce chef semblait avoir l'intention de lui insinuer. Déjà, un habile médecin crotoniate, appelé Démocède, qui s'était concilié l'affection du *grand roi*, en le guérissant d'une entorse au pied, ayant supplié une de ses femmes de lui procurer un voyage dans sa patrie, celle-ci n'avait pas trouvé un meilleur moyen d'y parvenir, que d'engager son époux à porter la guerre en Grèce, en lui donnant pour motif qu'elle serait très-satisfaite d'avoir à son service des femmes de Lacédémone et d'Athènes, qu'on lui avait beaucoup vantées. Tel était le sujet qui, une première fois déjà, avait failli précipiter l'Asie sur un coin de l'Europe. Mais les seigneurs que Darius avait envoyés pour reconnaître les forces et l'étendue de sa future conquête, ayant éprouvé trop d'obstacles à remplir leur mission, il n'avait pas alors donné suite à son projet.

La conjoncture lui parut favorable pour le reprendre; sa puissance venait d'être tout récemment accrue de la conquête de l'Inde; il avait déjà une entrée en Grèce par la possession de la Thrace, et pouvait, par ce chemin, y entraîner toute l'Asie; et il n'était pas loin de penser que les Grecs eux-mêmes l'aideraient de leurs dissensions.

Il envoya donc contre Naxos une flotte, dont il subordonna le commandement à Aristagore. Elle fut contrainte à la retraite après quatre mois d'un blocus infructueux. Aristagore et l'amiral persan s'attribuèrent réciproquement le mauvais succès de l'expédition, mais le dernier trouva le moyen de perdre son rival dans l'esprit de Darius. Aristagore ne se crut plus de ressource que dans la révolte, et, pour la soutenir plus efficacement, il rendit la liberté aux Milésiens. Il parcourut ensuite les autres îles de l'Archipel et en détermina les tyrans à abdiquer comme lui l'autorité souveraine. Ainsi l'ambition des despotes tourna, cette fois au moins, au profit de la liberté des peuples.

Aristagore se rendit ensuite à Sparte dont il implora en vain le secours. Il fut plus heureux à Athènes, où l'on venait de recevoir de la part d'Arthapherne, l'injonction de rétablir Hyppias. Dans la chaleur de leur indignation, les Athéniens allèrent presque au devant de la demande du député milésien. Ils mirent aussitôt à sa disposition vingt galères qui, avec cinq autres que fournit Érétrée, ville d'Eubée, se rendirent dans le port d'Éphèse, d'où l'armée confédérée partit pour s'emparer de Sardes qu'un accident incendia. Elle fut bientôt après contrainte, par des forces supérieures, à se rembarquer. Les Athéniens virent rentrer au Pyrée, leur escadre excessivement affaiblie, et résolurent bien de ne se plus mêler des querelles de l'Ionie; mais ils venaient de hâter, par leur imprudence, l'explosion de la guerre que Darius avait alors le projet de leur faire, ainsi que nous l'avons vu.

Ce prince conçut un grand ressentiment de ce que, faibles comme il les supposait, ils osaient l'attaquer les premiers. Il chargea l'un de ses principaux officiers de lui dire chaque jour : *Seigneur, souvenez-vous des Athéniens*. Il s'en souvint en effet. Une expédition formidable fut préparée contre leur ville et contre celle des Érétriens. Mais, contrariée par la tempête, et dirigée par un général plus présomptueux qu'habile (Mardonius, gendre du roi), elle échoua complétement aux limites de la Thrace, et ne put menacer que de loin les peuples qu'elle devait détruire.

Darius était trop puissant pour se laisser rebuter par un seul échec. Il rassembla une armée plus nombreuse que la première, et la mit sous les ordres de Datis et d'Arthapherne, deux généraux dans lesquels il avait une grande confiance; mais, avant que de leur donner l'ordre du départ, il crut à propos d'envoyer des hérauts, dans toutes les villes, pour leur demander, en son nom, *la terre et l'eau;* ce qui était regardé, de la part de ceux qui l'accordaient, comme un aveu de leur sujétion. Ces hérauts furent fort mal accueillis à Athènes et à Sparte; on les y précipita au fond d'un puits, en leur disant d'y prendre ce qu'ils demandaient. Près de six cents vaisseaux et au moins six cent mille hommes s'ébranlèrent aussitôt, et, après s'être emparés, sans coup férir, de toutes les îles de la mer Égée, vinrent mettre le siége devant Érétrie, que la trahison leur livra au bout de sept jours. Les généraux persans, après en avoir fait attacher les habitans à des chaînes dont ils s'étaient munis, d'après l'ordre exprès du roi, les lui envoyèrent sous escorte. Après cette expédition, Datis, guidé par l'ambitieux et traître Hyppias, vint à la tête de cent dix mille hommes, camper à trois cents stades (vingt-cinq lieues) d'Athènes, dans la plaine de Marathon. Les Athéniens n'avaient à opposer à une armée aussi formidable, qu'onze mille guerriers, dont mille Platéens, les seuls de leurs alliés que la peur n'eût point empêchés d'accourir à leur secours. C'était à peu près autant de soldats qu'en contenait la cavalerie persane. Des dix chefs, qui les devaient commander alternativement, le plus expérimenté était Miltiade, qui, après avoir été tyran de la Chersonèse de Thrace, était venu volontairement vivre en simple particulier dans sa partie, soit qu'il redoutât la vengeance de Darius auquel, au retour de son expédition contre les Scythes, il avait été d'avis de fermer le chemin de l'Asie, soit qu'il préférât à la vanité d'exercer la souveraine puissance, la gloire d'être citoyen d'un état libre. Quoi qu'il en soit, il détermina ses collégues à sortir d'Athènes et à prendre l'offensive. Aristide, l'un d'eux, leur persuada en outre de lui confier, durant la crise de la patrie, une sorte de dictature militaire. Mais Miltiade, d'autant plus soigneux d'éviter tout ce qui pouvait porter ombrage à ses concitoyens, que ses fonctions antérieures n'étaient guère propres à lui mériter leur confiance, voulut attendre, pour exercer l'autorité qui lui était abandonnée, que son tour fût venu de commander. Il rangea alors l'armée grecque sur la pente d'une montagne, garantit ses deux flancs par un grand abatis d'arbres, et lui ordonna d'attaquer les Persans au pas de course. Ceux-ci ne soutinrent pas ce premier choc, mais leur grand nombre leur donna le moyen de prolonger leur résistance. Enfin leurs ailes, contre lesquelles Miltiade avait dirigé la majeure partie de ses forces, plièrent et entraînèrent leur centre, qui, ayant moins d'ennemis en tête, combattaient avec plus d'avantage. Les Athéniens les poursuivirent jusque sur leurs vaisseaux, dont plusieurs furent pris et un plus grand nombre brûlés. Sachant que l'ennemi se proposait, malgré sa défaite, de les précéder à Athènes et de l'incendier, ils se mirent en marche aussitôt, et firent tant de diligence, qu'ils y arrivèrent le soir même. Le lendemain, les Spartiates, dont un motif superstitieux avait retardé le départ de leur patrie, parurent en vue de la ville après avoir fait douze cents stades, soixante-douze lieues, en trois jours.

Les Athéniens n'omirent rien pour perpétuer le souvenir de cet étonnant fait d'armes : ils érigèrent, sur le champ de bataille même, un monument en l'honneur des héros qui y avaient perdu la vie. Ils firent peindre, par le célèbre Polygnote, un tableau de la bataille. Le seul prix que Miltiade reçut de sa conduite glorieuse, fut d'y être représenté en tête des dix autres chefs, au moment où il haranguait les soldats.

Cependant ce général ne tarda pas à mettre à la voile avec une flotte de soixante-dix vaisseaux, pour châtier les îles qui avaient le plus favorisé l'invasion des Barbares. Après un assez grand nombre de succès, il leva précipitamment le blocus de Paros. C'en fut assez pour le faire accuser de trahison à son retour; les préventions défavorables qu'il avait long-temps inspirées, à cause de son ancienne qualité de tyran, se réveillèrent, et il fut condamné à la peine de mort, que l'archonte fit commuer en une amende équivalente au total des frais faits pour l'armement de sa flotte. Ayant été mis en prison comme insolvable, il y mourut, et son fils Cimon, que nous allons bientôt voir se signaler, fut obligé d'acheter, de ses deniers, la faculté de lui donner la sépulture. Ajoutons cependant que les Athéniens lui élevèrent, dans la suite, un tombeau sur le théâtre de son immortelle victoire. Chez eux le repentir était toujours près de l'ingratitude.

Darius employa trois ans à préparer, contre la Grèce, une nouvelle expédition qu'il devait commander en personne; mais, au bout de ce temps, il mourut. Xerxès, l'un de ses fils et son successeur, résolut de continuer ses desseins : il commença par réduire l'Égypte qui, depuis quelque temps, s'était révoltée. Fier de ce succès, il résolut de s'avancer immédiatement vers l'Attique, dont il ne prétendait plus, disait-il, acheter les figues. Les actes de la violence la plus atroce ou la plus insensée marquent partout son passage. Un seigneur, père de cinq fils, lui parle-t-il de lui laisser l'aîné pour appuyer sa vieillesse, il le fait égorger. Arrivé sur les bords de l'Hellespont (les Dardanelles), il entre en fureur contre ses flots qui, sans respect pour *leur maître*, ont osé briser un pont de bateaux dont il les faisait charger, et commande de les fustiger pour châtier leur insolence.

Cet ordre n'était que ridicule, mais quel nom donner à celui qu'il donna ensuite d'égorger ceux qui avaient dirigé la construction du pont?

Après qu'il eut été rétabli, Xerxès y fit passer son armée qui était, pour lors, selon Hérodote, de dix-huit cent mille hommes, sans compter les troupes de mer, les équipages d'une flotte de plus de douze cents grands vaisseaux, les vivandiers, les valets, les femmes et les eunuques, qui composaient un nombre au moins égal; en sorte que, lorsque les contingens des alliés européens s'y furent joints, le roi de Perse se vit entouré d'environ cinq millions d'individus.

Diodore, et quelques autres historiens, réduisent de beaucoup ce nombre, et le plus grand guerrier des temps modernes, ne pense pas qu'il ait été possible d'accumuler de telles masses sur un petit pays comme la Grèce, et surtout de les y faire vivre; et certes Napoléon devait être en état d'en bien juger, lui qui, malgré une foule de précautions, fruit d'une longue expérience, et au moment où l'Europe et sa puissante civilisation obéissaient à un signe de sa volonté, n'avait pu assurer, dans son expédition de Russie, la subsistance de quatre cent mille hommes.

Quoi qu'il en soit, on ne peut douter que l'armée de Xerxès n'ait été l'une des plus nombreuses qui aient jamais existé. Ce prince, gonflé d'un sentiment d'orgueil à l'aspect de tant de forces, demanda à Démarate, ex-roi de Sparte, qui, pour s'être montré favorable aux Perses, s'était vu retirer sa part de l'autorité royale, et s'était ensuite, en s'enfuyant près d'eux, fermé la porte de sa patrie. « Si les Grecs, « faibles comme ils l'étaient, oseraient « l'attendre ? — N'en doutez pas, ré- « pondit celui-ci ; fussent-ils réduits « à mille guerriers et à un nombre « moindre encore, ils viendront au de- « vant de vous. — Comment, répliqua « alors le roi de Perse, peuvent-ils « s'exposer ainsi aux dangers et à la « mort, sans y être contraints par un

« maître ? » Une telle question était digne d'un despote, dont on faisait avancer les troupes à coups de fouet. Démarate y répondit en Spartiate. « C'est que, dit-il, ils ont au-dessus « d'eux la loi, qu'ils craignent plus « que vous n'êtes craint de vos sujets. « Or, cette loi leur défend de jamais « fuir devant leurs ennemis, quelque » nombreux qu'ils soient. »

Cependant les Athéniens et les Spartiates plus particulièrement menacés, se disposaient à une résistance vigoureuse. A Athènes, deux citoyens qui s'étaient également signalés à Marathon, Thémistocle et Aristide, se partageaient les suffrages du peuple ; le premier à vue vaste, d'un esprit tout à la fois prudent et audacieux, ambitieux, il est vrai, mais en ne séparant jamais son intérêt de celui de sa patrie ; l'autre, ayant de grands talens aussi, mais plus remarquable encore par ses vertus. Au reste, Thémistocle flattait le peuple pour le dominer;

Aristide, au contraire, redoutait ses écarts; il aurait voulu qu'il s'interdît la décision des affaires majeures : aussi, l'accusait-on de penchant pour le gouvernement aristocratique. C'est ici le lieu de faire connaître ce que les Grecs entendaient par le mot d'aristocratie, que les modernes confondent avec celui d'oligarchie, qui n'en est qu'une spécialité. Ce n'était point l'aristocratie de naissance, encore moins celle de fortune qu'Aristide eût voulu voir dominer à Athènes (car il était né de parens pauvres et de condition humble, et il était pauvre lui-même), c'était une aristocratie d'élection, l'aristocratie de mérite, telle qu'elle était établie à Sparte.

Aristide jouissait parmi ses concitoyens de la plus grande réputation d'équité, et ils lui avaient donné le surnom de *juste*. Mais cette réputation même le rendait désagréable à des esprits ombrageux et jaloux. Thémistocle, dont il contrariait l'influence, avait profité de l'envie qu'on lui portait, pour obtenir contre lui, sur un léger prétexte, un décret de bannissement, mais, à l'approche du danger commun, il fut l'un des premiers à demander son rappel. Ce trait de générosité ne contribua pas moins peut-être que la confiance qu'on avait en ses talens, à lui faire décerner le commandement de l'armée.

Depuis la journée de Marathon, Thémistocle avait tourné l'attention de ses concitoyens du côté de la mer. Il les avait déterminés à consacrer le revenu qu'ils retiraient des mines de l'Attique, à la construction de cent galères, afin, disait-il, de faire la guerre aux Égynètes, mais, en effet, dans l'intention de les opposer aux Perses, de la part desquels il prévoyait une seconde invasion. A la nouvelle des préparatifs de Xerxès, il en fit construire cent autres; en sorte que les vaisseaux des Athéniens formaient plus des deux tiers de la flotte, qui s'avança au devant de celle de l'ennemi, jusqu'auprès d'Artémise, promontoire de l'île d'Eubée.

Cependant dix mille Spartiates ou Thespiens, qui, sous la conduite de Léonidas, s'étaient avancés jusqu'à l'extrême frontière de la Thessalie, persuadés de l'impossibilité de s'y maintenir, avaient rétrogradé jusqu'au défilé des Thermopyles, où quatre mille seulement demeurèrent. Ce fut là qu'ils attendirent les Perses. Ceux-ci ne tardèrent pas à paraître. Xerxès essaya d'abord de corrompre le chef des Grecs, mais, le trouvant inaccessible à la séduction de l'or et de l'ambition, il lui envoya dire impérieusement de livrer ses armes : *Viens les prendre, lui fait répondre Léonidas*. Le roi de Perse, alors, ordonne aux Mèdes de charger la poignée d'audacieux qui osaient lui résister, et de les lui amener vivans; mais les Mèdes, accueillis avec vigueur, revinrent avec plus de précipitation qu'ils n'étaient partis. Xerxès commanda successivement plusieurs charges également infructueuses. Il engagea aussi les dix mille *immortels* qui formaient l'élite de ses gardes, et par conséquent de son armée, tout aussi vainement. Flottant entre la colère et la honte, il commençait à craindre de voir s'arrêter au pied de l'Œta une expédition si présomptueusement entreprise, lorsqu'un Grec infidèle, lui enseignant un sentier peu connu sur le flanc de la montagne, lui procura le moyen de tourner ceux qu'il ne pouvait forcer de front.

Léonidas, voyant l'ennemi au-dessus de sa tête, engagea les alliés à se retirer avant qu'il les eût enveloppés. Pour lui, il resta avec trois cents Spartiates, auxquels il ne dissimula pas qu'il s'agissait, non de vaincre, mais de mourir. Il avait compris que la Grèce ne pouvait triompher des masses qui allaient comme inonder son sol, qu'en les frappant d'étonnement. Et quoi de plus propre à atteindre ce but que d'offrir au monde le spectacle de trois cents hommes luttant contre une armée immense !

N'ayant pas trouvé, dans sa petite troupe, un seul soldat dont le courage fut au-dessous de l'héroïque destinée qu'il lui réservait, il les engagea à prendre d'abord quelque nourriture. « Dî-« nez, dit-il à ses compagnons, com-« me des hommes qui doivent aller « souper ce soir aux enfers. » Tous s'apprêtent à leur dernier repas comme à un festin. Ils se précipitèrent ensuite au combat avec l'ardeur que peut faire imaginer la détermination qu'ils avaient formée. Un seul survécut, et se sauva à Lacédémone; il lava, par la suite, dans les champs de Platée, la honte que sa fuite avait attachée à sa vie.

Un monument fut élevé depuis sur le théâtre de leur gloire : on y grava cette inscription simple, mais sublime : *Passant ! va dire à Lacédémone que nous sommes morts ici pour obéir à ses lois.* Du côté des Perses, vingt mille morts, au nombre desquels étaient deux frères du roi, jonchèrent le champ de bataille.

Le jour même du combat des Thermopyles, la flotte persane, endommagée par le déchaînement des flots, battue ensuite près d'Artémise, par celle des Grecs, assaillie encore une fois par la tempête, avait perdu un fort grand nombre de vaisseaux. Le lendemain et le surlendemain, elle eut encore à soutenir divers engagemens, dans lesquels elle eut toujours du désavantage.

La flotte victorieuse apprenant que Xerxès avait forcé les Thermopyles, jugea à propos de se rapprocher d'Athènes; elle s'arrêta dans le détroit qui la sépare de l'île de Salamine. Thémistocle fit tout ce qu'il put pour déterminer ses concitoyens à chercher un refuge au sein de leurs navires. L'oracle de Delphes, dont peut-être il avait eu la précaution d'acheter l'inspiration, leur ayant répondu qu'ils ne trouveraient leur salut que dans des murs de bois, il vint à bout de leur persuader que ces murs n'étaient autres que des vaisseaux. Ils se rendirent à cette considération. Le sentiment de la religion fit taire en eux celui de la propriété et l'affection au sol natal. Ils transportèrent leurs femmes, leurs enfans et leurs richesses, dans les villes éloignées de l'invasion, surtout à Trézène, et s'embarquèrent.

Athènes était à peine abandonnée que Xerxès y entra. Il la livra aussitôt aux flammes; quelques citoyens, qui s'étaient retirés dans la citadelle, s'y firent tuer jusqu'au dernier, plutôt que d'entrer en capitulation, et renouvelèrent, en quelque sorte ainsi, les Thermopyles au sein de leur ville.

Un détachement que le roi de Perse avait poussé vers Delphes, ne s'y fut pas plus tôt approché d'un temple de Minerve, *la prévoyante*, qu'il fut, si l'on s'en rapporte à Hérodote et à un autre historien non moins crédule, exterminé tout entier par les foudres du ciel mêlées à des éclats de rochers. La prévoyante déesse aurait bien dû en faire autant en faveur d'Athènes, dont elle était la patrone.

Cependant la division s'était mise entre les chefs de la flotte confédérée. Thémistocle était d'avis qu'elle restât dans le poste de Salamine; mais Eurybiade, au contraire, voulait qu'on la conduisît près de l'isthme de Corinthe, et il mit dans la discussion tant de chaleur, qu'il alla jusqu'à menacer le général athénien de sa canne: *Frappe*, lui dit paisiblement celui-ci, *mais écoute*. Le généralissime écouta, et finit par se ranger au sentiment de Thémistocle.

Celui-ci, cependant craignant qu'on n'en revînt au projet d'abandonner le détroit, envoya à Xerxès un esclave de confiance pour lui dire que les Grecs avaient l'intention de se disperser, et que, s'il ne saisissait, tandis qu'il en était temps encore, l'occasion de les accabler en masse, il aurait infiniment de peine à les poursuivre et à les vaincre isolément.

Le roi de Perse donna dans le piége, quelque précaution qu'Artémise, son alliée, prît pour l'en détourner. Il ordonna donc aussitôt les préparatifs de la bataille à laquelle il voulut prudemment assister du haut d'un tertre où il avait fait placer son trône. C'était encore pire que de faire la guerre en carrosse.

Les Perses furent vaincus, malgré la grande supériorité numérique de leur flotte et les efforts d'Artémise, qui, presque seule parmi les Persans, au jugement de Xerxès lui-même, montra ce jour-là un courage d'homme. La victoire fut principalement due aux savantes dispositions de Thémistocle, auquel Euribiade avait abandonné le commandement en chef. Le même jour qu'elle se déclarait, les Carthaginois, que Xerxès avait suscités contre les colonies grecques de l'Italie et de Sicile, éprouvaient, sous Amilcar, devant les murs d'Hymèse, l'échec le plus complet que l'histoire ait jamais décrit. Les vainqueurs furent Théron et Gélon, rois, l'un d'Agrigente, l'autre de Syracuse. Quelques écrivains, contraires en cela à Hérodote, prétendent que la bataille d'Hymèse fut engagée le même jour que celle des Thermopyles.

Après la bataille de Salamine, la flotte persane, réduite de plus de trois cents vaisseaux, s'était retirée en toute hâte dans un port d'Asie (celui de Cumes), d'où, selon toute apparence, elle ne pouvait de long-temps songer à sortir. Mais il restait encore l'armée de terre. Thémistocle, pour en débarrasser plus promptement sa patrie, et sachant d'ailleurs qu'il avait été question, dans le conseil des alliés, de lui fermer le chemin de l'Asie, ce qui pouvait devenir fatal aux Grecs, en réduisant leurs ennemis à la nécessité d'une résistance vigoureuse, insinua, sous main, à Xerxès, qu'il eût à regagner promptement ses états avant que le pont, qu'il avait fait établir sur l'Hellespont, eût été rompu. Le roi effrayé s'enfuit, entraînant derrière lui la majeure partie de son armée. Bientôt la famine et la contagion, sa suite ordinaire, moissonnèrent dans ses rangs. Xerxès, nonobstant la plus grande diligence, ne put prévenir la chute du pont, due, non à l'ennemi, mais au choc des vagues. Il traversa, dans une modeste barque de pêcheur, cette mer que, peu de temps auparavant, il eût presque pu combler de la multitude de ses navires. Il l'avait fait fustiger pour avoir osé contrarier *son maître*. Si elle eut le sentiment que, dans son orgueilleuse démence, il semblait lui supposer, comme elle se serait vue vengée !

Thémistocle, cependant, était devenu l'idole de la Grèce entière. Sparte, si peu prodigue d'honneurs, lui décerna une couronne d'olivier, et le pria d'agréer le plus beau char qui fût dans ses murs : récompenses dignes de ces temps simples et héroïques.

Xerxès n'avait pas entraîné à sa suite tous ses soldats. Il en avait laiss' trois cent mille à Mardonius, comme si ce général avait pu exécuter, avec trois cent mille hommes, ce que lui-même n'avait pu faire avec trois millions.

Mardonius, que l'expérience avait corrigé de sa présomption, tenta d'abord la voie des négociations. Il offrit aux Athéniens de leur procurer la suprématie de la Grèce, de faire rebâtir leur ville, et de leur rendre bien au-delà de ce qu'ils avaient pu perdre, s'ils voulaient seulement demeurer neutres; mais ceux-ci, sans daigner répondre à de telles propositions, enjoignirent à Alexandre, roi de Macédoine, qui s'était chargé de les leur transmettro, de ne plus accepter désormais une semblable mission; et, pour se lier encore plus irrévocablement à la cause commune, ils décrétèrent, sur la proposition d'Aristide, que, quiconque parlerait de l'abandonner, serait dévoué aux dieux infernaux. Un certain Lycidas, qui osa, à quelque temps de là, proposer de donner audience à une nouvelle ambassade des Perses, fut incontinent lapidé.

Les barbares alors marchèrent sur la ville, qui fut de nouveau abandonnée. Ils y détruisirent tout ce qui, la première fois, avait échappé à leur fureur.

Après cet exploit, Mardonius se retira dans la Béotie, dont le sol, moins inégal que celui de l'Attique, lui paraissait plus propre à étendre son armée et à la ranger avec avantage. Celle des Grecs, forte de soixante-six mille hommes, dont trente-cinq mille Ilotes, ne tarda pas à l'y joindre. Elle signala son arrivée par une victoire contre la cavalerie des Perses.

Après dix jours d'inaction, s'étant mise en mouvement pour chercher un autre campement (celui qu'elle avait pris n'ayant pas d'aiguade), Mardonius la suivit, et lui livra bataille près de Platée, le 19 du mois de boëdromion (19 septembre). Aristide commandait pour les Athéniens, Pausanias pour les Spartiates. La victoire fut long-temps balancée; mais enfin, la mort de Mardonius, tué en combattant vaillamment, la détermina en faveur des moins nombreux et des plus braves. La déroute des barbares fut complète alors, et devint bientôt une boucherie : il ne s'en échappa pas cinquante mille. Les Grecs firent un butin immense, trop peut-être, car le luxe commença presque aussitôt après la décadence de leurs anciennes mœurs.

Le prix de la valeur avait été, dans cette journée, mérité par les Spartiates, mais, pour éviter tout sujet de division entre eux et les Athéniens, on convint de l'adjuger aux guerriers de Platée.

Le jour même où les Grecs immortalisaient la plaine de ce nom, leur armée de débarquement, aux ordres de l'autre roi de Lacédémone Léotichidès et du général athénien Xantippe, battait, en Asie, celle des Perses, proche du promontoire de Mycale, et brûlait les débris de leur flotte qu'ils y avaient retirée à terre, selon l'usage des anciens.

Par un hasard étonnant, la défaite de Mardonius, dont Léotichidès avait fait répandre le bruit parmi ses troupes, afin d'enflammer leur courage, avait eu lieu effectivement le matin ; en sorte que, lorsque la nouvelle s'en fut confirmée, on fut bien embarrassé d'expliquer comment elle avait pu franchir, en quelques heures, la vaste étendue de mer qui séparait les deux champs de bataille.

Xerxès, qui était à Sardes, en partit précipitamment, après avoir, pour punir les Ioniens de la part qu'ils avaient prise à la victoire de Mycale, et plus peut-être encore pour satisfaire le fanatisme du chef des Mages, ordonné de brûler tous leurs temples, à l'exception de celui de Diane, à Éphèse. Par cette rigueur impolitique, il hâta la révolte des villes grecques de l'Asie, qui tenaient encore son parti.

Sur ces entrefaites, l'oracle d'Apollon ordonna aux Grecs d'élever un autel à Jupiter libérateur; mais il leur défendit en même temps d'y faire aucun sacrifice, avant d'avoir éteint tout le feu qui avait, disait-il, été souillé par la présence des Barbares, et d'être venu le rallumer à Delphes à l'*autel commun*; soit que les prêtres fissent ainsi parler le Dieu par un motif d'ambition religieuse, soit que ce fût à l'instigation des chefs grecs, afin d'inspirer au peuple plus d'horreur encore du joug étranger: tout ce qu'avait prescrit l'oracle fut religieusement accompli.

L'assemblée des alliés décréta ensuite, sur la proposition d'Aristide, qu'on célébrerait, de cinq ans en cinq ans, des jeux de la liberté.

Les Grecs eurent à peine assuré leur indépendance que l'amour du commandement les divisa. Les Lacédémoniens, jaloux de reconquérir leur ancienne suprématie, voulurent empêcher Athènes de relever ses murailles, sous prétexte que ce serait préparer aux Perses une place d'armes, en cas d'une nouvelle invasion. Thémistocle s'étant fait députer vers eux, sut si bien les amuser par un simulacre de négociation, qu'il donna à ses concitoyens le temps d'achever les fortifications commencées, et finit par déclarer en plein sénat qu'elles étaient en état de repousser toute attaque, de quelque part qu'elle vînt. Le ressentiment que les Lacédémoniens conçurent d'avoir été joués ainsi, fut fort vif; mais pas assez, néanmoins, pour les entraîner, dès-lors, à une rupture.

De retour à Athènes, Thémistocle continua à s'occuper d'accroître la prospérité maritime de sa patrie, parce qu'il pensait avec raison que sa puissance y était attachée. Pour la rendre tout d'un coup maîtresse de la mer, il conçut le dessein d'incendier la flotte des alliés qui se trouvait dans le voisinage. Comme un tel projet ne pouvait être exposé devant l'assemblée du peuple, à cause du secret qu'exigeait son exécution, il demanda qu'on nommât quelqu'un auquel il pût le communiquer : Aristide fut choisi. Ce vertueux citoyen, après qu'il eut été instruit de ce dont il s'agissait, rapporta à ses concitoyens que rien ne pouvait être plus avantageux à la république; mais qu'aussi rien n'était plus injuste. Le peuple n'en voulut pas savoir plus, et repoussa de tous ses suffrages un avantage qu'il ne pouvait se procurer sans enfreindre l'équité, tant il est vrai que la masse est toujours saine.

Un tel peuple se montrait trop digne d'être libre pour qu'on laissât subsister la moindre limite à l'exercice de ses droits. Le triple degré d'éligibilité fut supprimé de l'assentiment d'Aristide, qui avait alors, dans la ville, la plus grande influence. Ainsi fut effacée la dernière nuance qui séparait encore le gouvernement d'Athènes de la démocratie pure et simple.

Bientôt les Grecs entreprirent d'attaquer à leur tour les états de leurs agresseurs. Ils enlevèrent à Xerxès, d'abord l'île de Chypre, ensuite la Thrace, que son père avait conquise. Ce fut alors que Pausanias, qui déjà par ses prétentions ambitieuses avait indisposé contre lui ses concitoyens, gonflé de la part qu'il avait eue à ce dernier succès des Grecs, s'abandonna tout-à-fait au délire d'un fol orgueil.

Il noua des intelligences avec Xerxès, s'engagea à lui faire obtenir l'empire de Sparte et de la Grèce, s'il voulait lui en donner le gouvernement, prit le luxe, les mœurs, les manières hautaines des Asiatiques, en un mot, devint tout-à-fait Persan. Cette conduite de Pausanias, bien opposée à celle des généraux athéniens Aristide et le jeune fils de Miltiade, Cimon, qui avait fait ses premières armes à la bataille de Salamine, tourna à l'avantage de ceux-ci, et mit sous leur influence la plupart des alliés qui avaient jusqu'alors suivi l'étendard de Lacédémone. Les magistrats de cette ville rappelèrent alors leur général et ne le laissèrent repartir qu'après qu'il se fût justifié. Ayant reçu, à son sujet, de nouvelles plaintes, et sachant que, pour éviter le ressentiment des alliés, il s'était enfui dans la Troade, ils le mandèrent encore une fois. Il revint; mais quoiqu'il s'élevât contre lui de fortes présomptions; comme aucune n'était concluante, il vint à bout de se faire absoudre. Un esclave communiqua enfin aux Éphores un témoignage irrécusable de son crime. C'était une lettre qu'il écrivait à Artabaze, gouverneur de l'Asie-Mineure. L'esclave qui en était chargé n'ayant vu revenir aucun de ceux à qui son maître avait donné de semblables commissions, s'était avisé de l'ouvrir, et avait vu qu'il devait être mis à mort, aussitôt après l'avoir remise. Les Ephores, pour acquérir une surabondance de preuves, lui ordonnèrent de se retirer à Ténare, dans un temple de Neptune qui servait d'asile, et après avoir fait informer Pausanias du lieu de sa retraite, se cachèrent eux-mêmes avec quelques témoins, dans un lieu d'où ils pouvaient entendre, sans être vus, tout ce qu'on lui dirait. Pausanias ne tarda pas à arriver. Dès qu'il eut connu l'indiscrétion de son émissaire, il lui fit les promesses les plus séduisantes pour l'engager au secret. Les Éphores alors n'hésitèrent plus : ils précédèrent dans la ville le retour de leur perfide concitoyen et se disposèrent à l'arrêter. Pausanias, à leur approche, ayant lu dans la physionomie de l'un d'eux, le sort qu'on lui réservait, chercha un asile dans le temple de Pallas qui était tout proche. Les magistrats ordonnèrent aussitôt d'en murer l'entrée et d'en démolir la toiture. On dit que la mère du coupable fut la plus empressée à apporter les pierres destinées à lui fermer toute issue. Corrigés momentanément de leur ambition, par cet exemple, et craignant que leur puissance ne devînt l'occasion de leur asservissement, les Lacédémoniens résolurent de ne plus briguer pour leurs généraux le commandement des forces de la confédération grecque.

Thémistocle, que ses orgueilleuses exigeances, encore plus que des concussions manifestes, avaient fait bannir d'Athènes, fut accusé par les Lacédémoniens, ses concitoyens, réunis, de complicité dans les desseins de Pausanias qu'il était seulement coupable de n'avoir pas révélés, soit qu'il les jugeât inexécutables, soit qu'il eût l'intention de les déjouer sans perdre celui qui les avait ourdis. Se voyant sur le point d'être condamné à mort, il quitta le lieu de son exil (la ville d'Argos), passa dans l'île de Corcyre, et de là en Épire, près d'Admète, roi des Molosses, son ennemi personnel, mais qui prouva dans cette occasion qu'il était digne de la confiance qu'un illustre proscrit mettait dans sa générosité. Les Grecs, cependant, paraissant disposés à l'arracher de vive force à la protection de ce prince, il s'enfuit en Perse : ce fut son dernier asile. Il y mourut comblé des faveurs de la cour, mais sans avoir fait, pour se les concilier, rien qui fût contraire aux intérêts de sa patrie.

Aristide l'avait déjà précédé dans la tombe. Peu de temps avant qu'il y fût descendu, les villes de la Grèce lui avaient unanimement confié la répartition du tribut qu'elles s'étaient volontairement imposé, pour subvenir au besoin commun de l'alliance. Quel plus éclatant hommage pouvait-on rendre à son équité ! Le peuple, en se chargeant d'élever et d'établir ses enfans, qu'il avait laissés pauvres comme lui-même, prouva que, s'il payait trop souvent les services d'ingratitude, il savait aussi, quelquefois, les récompenser, surtout lorsqu'il les trouvait joints à la vertu.

Ce fut vers ce temps (avant J.-C. 472) que Rome envoya des ambassadeurs à Athènes, pour y recueillir les lois de Solon.

Cimon, qui d'abord avait eu une jeunesse assez peu réglée, mais dont Aristide était enfin parvenu à faire un grand homme, devint bientôt le citoyen le plus influent de la république. Déjà il l'avait fait triompher en Thrace, où Xerxès s'était conservé quelques villes; mais il lui réservait une victoire plus éclatante sur Artaxercès, fils et successeur de ce prince.

Il commença par chasser ses lieutenans de toutes les villes grecques de l'Asie, qui n'avaient pas encore secoué son joug. Il attaqua ensuite, à l'embouchure du fleuve Eurymédon, sa flotte une fois plus considérable que celle qu'il commandait, et l'anéantit. Le même jour, il fit débarquer ses troupes et assaillit son armée de terre qui était tout proche, la rompit après quelque résistance, et en fit un carnage affreux, réunissant en quelque sorte, dans une seule main, ainsi que le fait remarquer un écrivain, les trophées des deux journées de Platée et de Salamine. Il remonta ensuite sur sa flotte, et prit ou coula à fond un renfort de quatre-vingts vaisseaux, que les Phéniciens envoyaient aux Barbares, et ramena les siens chargés de butin.

L'année suivante, il reprit sur les Perses le Chersonèse de Thrace, et défit sur mer les Thasiens qui s'étaient révoltés. Après avoir employé plus de trois ans à prendre leur ville, il débarqua son armée en Thrace, et poussa jusqu'aux confins de la Macédoine. Les Athéniens, mécontens de ce qu'il ne les avait pas entamés, l'accusèrent à tort, mais aussi sans effet, de s'être laissé corrompre par l'or d'Alexandre, qui en était roi.

Cependant l'Égypte ayant, sous la conduite d'Inarus, prince lybien, secoué le joug des Perses, les Athéniens envoyèrent à son secours une flotte nombreuse. Charitimès, qui la commandait, vainquit d'abord celle d'Artaxercès, et ensuite, conjointement avec Inarus, son armée de terre, dont il tint les débris enfermés long-temps dans Memphis. Mais des secours étant survenus, l'armée assiégeante fut battue, et à son tour assiégée, de sorte qu'Athènes ne vit, aprés plusieurs années, rentrer dans son port que la moindre partie de ses vaisseaux et de ses troupes.

Vers ce même temps la popularité de Périclès, fils de Xantippe et disciple du célèbre Anaxagore, commençait à balancer dans Athènes le crédit de Cimon. Courageux, habile, éclairé, Périclès portait surtout au plus haut degré, le premier talent de l'homme public dans les démocraties, celui d'une élocution facile et entraînante. Les Grecs, dans leur langage mythologique, disaient que la persuasion s'exprimait par sa bouche, et Thucidide (un autre que l'historien) qu'on chercha à lui opposer dans la suite, peignait bien le pouvoir de son éloquence par cette métaphore : « Quand « je l'ai terrassé, il assure le contraire « avec tant de force qu'il persuade à « tous les assistans, contre le témoi- « gnage de leurs propres yeux, qu'en « effet il n'est point tombé. »

Aussi cultiva-t-il toujours avec soin le précieux avantage dont la nature l'avait doué. Il ne paraissait pas de fois en public qu'il ne se dît auparavant à lui-même : *Songe bien, Périclès, que tu vas parler à des hommes libres, à des Grecs, à des Athéniens.*

Périclès employa d'abord son crédit à l'accomplissement des vœux du peuple. Il fit étendre ses attributions au préjudice de celles de l'aréopage ; il fut le premier qui proposa de lui partager les terres conquises, et qui attacha une rétribution aux fonctions publiques, qui jusqu'alors avaient été gratuites. Les Athéniens, en applaudissant avec transport à cette dernière mesure, ne prévirent pas tout ce qu'elle pouvait avoir de funeste pour leur liberté. L'improbation que Cimon, alors absent, témoigna de tous ces changemens, ne fut pas un des moindres griefs qui engagèrent quelque temps après le peuple à l'exiler.

Cependant les Spartiates, voyant leur ville tout entière engloutie par un tremblement de terre et leurs esclaves révoltés, envoyèrent à Athènes demander des secours. Le peuple, se ressouvenant de leurs prétentions dominatrices, hésitait à leur en accorder. Cimon parla de manière à piquer sa générosité, et lui demanda, en terminant son discours, s'il voulait laisser Athènes sans contre-poids; on le dépêcha soudain vers Lacédémone, avec un corps de quatre mille hommes. Les Athéniens prouvaient, pour la seconde fois, que les peuples n'étaient pas aussi égoïstes que les individus.

Cimon et ses soldats ne furent pas plus tôt arrivés devant Itome au camp des Spartiates, que ceux-ci les congédient comme des auxiliaires dangereux. Athènes se souvint de cet affront, et au bout de dix ans, donna asile dans son territoire aux Messéniens et aux Ilotes, dont Sparte avait enfin triomphé. Ce fut avec quelques autres griefs la cause d'une guerre dont le fait d'armes le plus important est la bataille de Tanagre, gagnée sur les Spartiates par Myronides, général des Athéniens.

Cimon, que sa prédilection pour les mœurs et le gouvernement de Lacédémone avait fait bannir, fut rappelé après cinq ans d'exil, sur la proposition de Périclès, son rival et son ennemi, mais qui jugeait son retour utile à la patrie, tant l'intérêt public avait de puissance sur ces cœurs républicains! Il ménagea entre les belligérans une trève de cinq années. Il se mit ensuite à la tête de deux cents vaisseaux, défit complétement une flotte, que les Perses avaient dans les parages de l'île de Chypre, et, ayant fait aussitôt une descente sur les côtes de Cilicie, y battit leur armée de terre, forte de trois cent mille hommes. Il se disposait à poursuivre le cours de ses succès, mais Artaxerce se hâta de proposer la paix, seul moyen qu'il connut de les arrêter. Il en subit les conditions, qui furent principalement : que toutes les villes grecques d'Asie seraient libres; que toute l'étendue de mer, comprise depuis le Pont-Euxin jusqu'aux côtes de Pamphilie, serait interdite aux vaisseaux du roi de Perse, et que ses troupes de terre n'en pourraient approcher qu'à une distance de moins de trois jours de marche. Ainsi fut terminée glorieusement pour les Grecs, l'an 449 avant l'ère chrétienne, la guerre persique, après avoir duré cinquante et un an, depuis la prise de Sardes par les Athéniens.

Dans le même temps, Cimon mourut sur sa flotte; on cacha à ses troupes cet événement funeste, en sorte qu'elles n'apprirent qu'après leur retour dans leur patrie, la perte qu'elles avaient faite.

Cependant Périclès disposait de tout à Athènes, au point qu'il était aussi puissant par son crédit que s'il eût exercé l'autorité souveraine. Il donnait au peuple des festins et des spectacles; venait au secours des plus pauvres citoyens; envoyait des colonies dans les îles, en Thrace, en Italie; et, secondé d'un grand nombre d'artistes excellens, en tête desquels on remarquait l'illustre Phydias, remplissait la ville d'une foule de monumens, qui devaient faire l'admiration des siècles. Malgré ce luxe public, les mœurs privées continuaient d'être simples. Il n'était pas rare de voir des généraux d'armée, des magistrats illustres, aller eux-mêmes au marché; bien différens en cela de nos Parisiens qui n'oseraient paraître en public, chargés du plus léger fardeau, comme s'ils avaient à rougir des mains que leur a données la nature.

Ce temps fut pour la république athénienne l'époque de sa plus grande splendeur. Elle était comme la souveraine du continent, et surtout des mers de la Grèce. L'insouciance politique des alliés n'avait pas peu contribué à l'accroissement de sa puissance, en lui permettant de remplir de ses matelots jusqu'aux vaisseaux qu'ils fournissaient.

Périclès n'était pas seulement un homme d'état supérieur, c'était encore un général expérimenté. S'il ne remporta pas des victoires éclatantes, comme ses prédécesseurs, c'est que la fortune écrasante des Athéniens, ne permettait une résistance durable à aucun de ses ennemis.

Il fit, vers cette époque, une expédition en Thrace, et parcourut, à la tête de la flotte, la mer Égée et le Propontide, moins en conquérant qu'en triomphateur.

Cependant la mésintelligence, qui n'avait cessé de subsister entre Athènes et Sparte, s'acroissait chaque jour. Elles prirent diversement parti dans la guerre sacrée, ainsi nommée de ce qu'elle avait pour objet l'intendance du temple de Delphes, que les habitans de cette ville disputaient aux peuples de Phocide, qui en avaient été jusqu'alors en possession. Bientôt après, les Lacédémoniens soutinrent, contre les Athéniens, la révolte de Mégare, et ayant paru sur les frontières de l'Attique, obligèrent Périclès d'accourir précipitamment de l'Eubée, où il était allé, avec une armée, réprimer une autre insurrection.

Ces événemens furent suivis de la guerre contre Samos, que Périclès, si l'on admet une opinion sans doute hostile, entreprit par complaisance pour la fameuse Aspasie dont il était violemment épris. Quoi qu'il en soit, il en sortit victorieux.

Mais une guerre beaucoup plus considérable fut celle du Péloponèse, dont un secours, envoyé par les Athéniens à l'île Corcyre, en état d'hostilités contre Corinthe, fut la cause ou plutôt l'occasion. Potidée, colonie de cette dernière ville, mais tributaire d'Athènes, se révolta sur l'ordre qu'elle en reçut de démolir ses murailles, et fut soutenue par son ancienne métropole. Les Corinthiens, craignant néanmoins de ne pouvoir résister à un ennemi aussi puissant que les Athéniens, demandèrent contre eux du secours à Sparte, en les dénonçant comme infracteurs de la paix de la Grèce.

Le sénat de Sparte envoya successivement, à Athènes, trois *ultimatum* de plus en plus rigoureux, et qui tous furent rejetés avec fierté. On se prépara donc, de part et d'autre, à la guerre, chacune des deux villes entraînant dans son parti le plus d'alliés qu'il lui fut possible.

Cependant les ennemis de Périclès n'osant pas d'abord l'attaquer lui-même, à cause de sa grande popularité, cherchèrent à l'atteindre dans la personne de ceux pour lesquels il avait le plus d'attachement. Ils accusèrent Anaxagore d'impiété, Aspasie, d'impiété et de mauvaise conduite, Phydias, de concussion dans l'emploi de l'or qui lui avait été confié pour l'exécution de son chef-d'œuvre (la statue de Minerve), et d'orgueil, parce qu'il s'était représenté lui-même, ainsi que Périclès, sur le bouclier de la déesse. Anaxagore, pour se soustraire à la persécution, prit la fuite; Aspasie fut acquittée; Phydias, moins heureux, mourut en prison, selon les uns, et dans l'exil, selon les autres. Enfin, enhardis par ce succès, les accusateurs demandèrent à Périclès lui-même, compte de l'emploi des deniers publics. Périclès, quoique irréprochable, redouta, disent quelques historiens, une épreuve toujours difficile, même à ceux qui, après de longues fonctions, en sont sortis les mains nettes. C'est pourquoi, ajoutent-ils, il poussa de tout son pouvoir le peuple à la guerre du Péloponèse, qui devait infailliblement détourner son attention de tout autre objet. Plutarque fait observer qu'il est plus convenable de supposer qu'il n'eut en cela d'autre vue que celle de la prospérité de sa patrie.

La guerre commença par la prise de Platée, presque aussitôt que conquise par les Thébains. Les Lacédémoniens s'avancèrent bientôt par l'isthme de Corinthe jusqu'au sein de l'Attique qu'ils ravagèrent, tandis que la flotte des Athéniens en faisait autant de leur territoire. La même manœuvre eut lieu dans les deux campagnes suivantes; mais un ennemi plus redoutable que les Lacédémoniens, la peste, s'introduisit dans Athènes et y exerça de grands ravages. Périclès en mourut, après avoir vu moissonner ses deux fils. Depuis que la guerre était commencée, il avait fait suivre aux Athéniens la conduite la plus convenable à leur situation. Persuadé qu'ils étaient hors d'état de résister en plaine à leurs ennemis qui, outre presque tout le Péloponèse, avaient dans leur parti la Phocide, la Béotie, la Mégaride; qu'ils ne pouvaient tirer leur force que de leurs vaisseaux qui, en les rendant maîtres de la mer, mettaient, à leur disposition, les îles, les côtes d'Asie et toutes les régions lointaines, il les avait déterminés à se renfermer dans leurs murs, et les y avait comme enchaînés par son crédit, à la vue de l'ennemi qui dévastait leurs maisons de campagne et leurs vergers. Sa mort fut donc pour eux une perte des plus grandes. Sans doute que s'il eût vécu, sa prudence leur eût épargné bien des maux.

La quatrième et la cinquième année n'offrirent rien de remarquable, que la prise de Potidée et de Mytilène (qui s'étaient révoltées), par les Athéniens, et celle de Platée par les Lacédémoniens. On y vit des exemples d'une cruauté inconcevable, entre des peuples éclairés et enfans, à proprement parler, d'une même patrie. Les Athéniens souillèrent leur victoire de Mytilène par le supplice de mille Lesbiens, et les Lacédémoniens accordèrent à l'inimitié des Thébains celui de deux cents citoyens de Platée, égorgés à la vue de ces champs où le prix de la valeur leur avait été décerné du commun avis de la Grèce.

Mais ce qui nous paraît presque aussi dégradant, c'est l'empressement que mit l'un et l'autre parti à rechercher l'alliance et l'appui des Perses, en sorte qu'il ne tint pas aux

Grecs que ces barbares ne vinssent renverser les trophées des Thermopyles, de Marathon et de Platée. Tant un faux point d'honneur est capable de faire perdre de vue la véritable gloire.

La sixième campagne fut, comme la première, tout entière employée par les belligérans au ravage réciproque de leur territoire.

Les Athéniens signalèrent la septième campagne par la prise de Pyle, place voisine de Sparte. Ils y furent bientôt assiégés par des troupes nombreuses; mais supérieurs sur les flots, ils trouvèrent moyen de cerner, dans la petite île de Sphatérie, près de mille Lacédémoniens, l'élite des assiégeans. Le sénat de Sparte, déterminé, pour les racheter, aux plus grands sacrifices, envoya demander la paix à Athènes, et, en attendant, conclut une trêve pour garantie de laquelle il livra soixante vaisseaux. Les Athéniens, animés par Cléon, personnage disert, mais lâche et incapable, repoussèrent avec hauteur leur proposition. Plusieurs autres tentatives que firent successivement leurs ennemis pour obtenir un terme à cette lutte qui décimait, les uns par les autres, les enfans de la Grèce, furent aussi vaines que les premières. Enfin les assiégés de Sphatérie se rendirent après une longue résistance. Les généraux qui eurent le commandement dans cette campagne, furent, du côté des Lacédémoniens, Brasidas; de celui des Athéniens, Démosthène, et Cléon, le dernier comme malgré lui.

L'année suivante, les Athéniens, sous la conduite de Nicias, l'un de leurs meilleurs généraux, s'emparèrent de l'île de Cythère; et les Lacédémoniens, sous celle de Brasidas, prirent Amphipolis, l'une des clefs de la Thrace. Thucidide (l'historien), envoyé d'Athènes avec un corps de troupes, au secours de cette ville, fut condamné au bannissement pour n'y être pas arrivé à temps, quoiqu'il eût fait, dans cette intention, la plus grande diligence. Il y eut encore cette campagne, entre les Béotiens et les Athéniens, près de Délie, un engagement dans lequel ces derniers furent vaincus. Socrate, qui y combattit avec la plus grande valeur, ne dut son salut qu'à la protection de son disciple Alcibiade qu'il avait lui-même sauvé à la bataille de Potidée, après laquelle l'armée avait tenu balancé entre eux deux le prix du courage.

Cléon et Brasidas, les deux plus acharnés partisans de la guerre, l'un à Athènes, l'autre à Sparte, ayant été tués en Thrace dans un même combat, durant le cours de la neuvième campagne, ces deux villes conclurent une trêve d'une année, qu'Alcibiade, par ambition et par rivalité contre Nicias qui y avait principalement contribué, vint à bout de faire rompre bientôt après. Distingué par sa naissance, par sa beauté, par son éducation, par son éloquence; ayant de grands talens, mais aussi de grands vices; souple, au reste, flexible, sachant se plier à tout, même au rigorisme de la vertu, qu'il cultivait dans l'occasion, non comme but, mais comme moyen d'arriver à ses fins, parce que, quoique disciple de Socrate, il était sans véritable conviction morale; tel était Alcibiade qui, malheureusement, devait exercer désormais beaucoup d'influence sur les affaires de sa patrie. Quoi qu'en faisant rompre la trève, il eût entraîné dans l'alliance des Athéniens, les Argiens, les Mantinéens et les Éléens, tous peuples du Péloponèse, ce n'en était pas moins prendre une responsabilité fort grande. Une autre entreprise, non moins téméraire que le renouvellement de la guerre du Péloponèse, et à laquelle il contribua beaucoup également, fut, vers la même époque, l'expédition de Sicile, résolue en faveur de Ségiste, ville de cette île. Il est vrai que le peuple y ëtait de lui-même fort enclin; mais Alcibiade, pour l'y engager encore plus, ne lui promettait rien moins que la conquête de l'Italie, de Carthage, et par suite, du reste de l'Afrique. On le nomma avec Lamachus et Nicias au commandement de l'expédition. Les préparatifs en furent immenses. La flotte, sans compter les vaisseaux des alliés, était forte de cent galères, toutes montées par les marins les plus habiles, et remplies de l'élite des soldats. Elle allait lever l'ancre, quand Alcibiade fut accusé d'avoir, dans une orgie nocturne, présidé à la profanation des statues de Mercure, qu'on avait, un matin, trouvées mutilées dans toute la ville. Il demañda aussitôt des juges; mais ses ennemis, qui prévoyaient bien que le peuple, dans la crainte d'apporter quelque retard au départ de la flotte, se hâterait de l'absoudre, obtinrent l'ajournement de la procédure, sous un prétexte d'utilité publique. Mais à peine le virent-ils arrivé en Sicile, où la prise de Catane avait été son premier et unique exploit, qu'ils déterminèrent le peuple à envoyer vers lui le vaisseau de Salamine (*destiné au transport des criminels d'état*). Alcibiade y monta sans hésiter; mais, ayant apparemment changé d'avis, il profita d'une relâche à Thurium pour s'esquiver; s'étant rendu de là à Argos, puis à Sparte, il y apprit que ses concitoyens l'avaient condamné à mort par contumace. *Je leur ferai bien voir, s'écria-t-il à cette nouvelle, que je suis en vie ;* et effectivement il ne cessa depuis lors de susciter des traverses à sa patrie.

Vers la même époque, Diagore, élève de Démocrite, ayant osé professer ouvertement, dans Athènes, la doctrine absurde de l'athéisme, n'évita le dernier supplice que par une prompte fuite. Quelque temps auparavant, Protagore, élève du même maître, et qui avait insnué les mêmes principes, s'était vu condamné à un bannissement perpétuel.

Cependant les Athéniens, après la prise de Catane, furent long-temps sans faire rien de considérable; Nicias, auquel ses succès passés donnaient la principale influence, outre qu'il était d'un caractère prudent et même irrésolu, qu'il s'était opposé à cette expédition, qu'il n'y avait accepté un commandement qu'à regret, se trouvait encore atteint d'une maladie de langueur, qui ne contribuait pas peu sans doute à la nonchalance avec laquelle il était accusé de la pousser. Cependant, quand une fois il fut déterminé à faire le siége de Syracuse, il le poursuivit avec beaucoup d'ardeur. Comme tous les hommes faibles, il passa même trop rapidement d'une extrême circonspection à une excessive confiance. Se croyant certain de prendre la ville, qui, effectivement, ne pouvait long temps tenir, il négligea tellement toute précaution, qu'il se laissa surprendre et battre par Gilippe, venu de Sparte au secours des Syracusains. Depuis ce temps, le général lacédémonien, aussi habile au moins, mais plus actif que Nicias, lui fit éprouver, tant sur terre que sur mer, échec sur échec. En vain lés Athéniens lui envoyèrent de nouveaux renforts, et lui adjoignirent, pour remplacer Lamachus, que les assiégés avaient tué dans une sortie, deux généraux, Eurymédon et Démosthènes; les choses continuèrent d'aller de mal en pire. Nicias se détermine enfin à la retraite; mais, comme il était fort superstitieux, une éclipse de lune ayant paru au moment où il en donnait le signal, la lui fit différer d'un mois. Au bout de ce temps elle était devenue impossible par mer, car la flotte avait éprouvé de nouveaux échecs, et très-difficile à travers les terres. Il fallut pourtant la tenter par cette dernière voie, et tâcher de gagner Catane ou une autre ville forte. L'armée partit donc, séparée en deux corps de près de vingt mille hommes chacun; mais, comme ces deux corps, pour se soustraire à la poursuite de l'ennemi, qui sans cesse les harcelait, marchaient le plus souvent la nuit, ils s'égarèrent, s'isolèrent l'un de l'autre, et furent contraints de se rendre à discrétion. Les Syracusains souillèrent leur victoire en condamnant, malgré les remontrances et les prières même de Gilippe, les deux généraux athéniens (Nicias et Démosthènes; Eurymédon avait été tué) au dernier supplice. Le reste des prisonniers fut vendu comme esclave, et dispersé dans toute la Sicile.

Cependant les Athéniens furent d'autant plus consternés de ces désastres, que les Spartiates s'étant, à l'instigation d'Alcibiade, fortifiés dans Décélie, place située à six lieues de leurs murailles, dévastaient, depuis ce temps, l'Attique par des excursions, non plus temporaires comme auparavant, mais continuelles. L'occupation de cette place obligeait en outre à un long circuit les convois qui leur venaient de l'île d'Eubée.

Dans cette crise publique, on supprima toutes les dépenses superflues, et l'on nomma encore un conseil extraordinaire de vieillards.

Les Athéniens, malgré leur abaissement, se trouvaient encore assez forts pour empêcher les lieutenans de Darius de lever les tributs de l'Hellespont et de l'Ionie. Malheureusement ce fut un nouvel ennemi qu'ils s'attirèrent. Tissapherne, gouverneur de l'Ionie, fit, au nom du roi, son maître, alliance avec leurs ennemis; et les îles, dont ils tiraient leur principale force, abandonnèrent en partie leur cause. Alcibiade y revint pour lors. L'envie, qui l'avait chassé d'Athènes, lui ayant suscité à Sparte de puissantes inimitiés, il se retira auprès de Tissapherne, et s'attacha à conjurer l'orage qu'il avait lui-même amoncelé contre sa patrie; car c'était surtout à ses intrigues que la défection des insulaires était due. Il fit entendre à Tissapherne qu'il était de l'intérêt bien entendu de son maître, non de rendre les Spartiates trop puissans, mais de maintenir, entre eux et leurs rivaux, une balance égale. Pour se ménager ensuite un moyen de retourner au sein d'Athènes, il l'engagea à mettre l'alliance des Perses au prix d'un changement dans la forme de son gouvernement; mais, quand il vit que la faction des oligarques, dont il avait favorisé les desseins, ne songeait nullement à le rappeler, et qu'il se rendait généralement odieux par les actes les plus tyranniques, il accepta le commandement de la flotte révoltée contre eux, et proclama leur déposition; mais avant que de faire voile pour Athènes, il résolut de relever les affaires de sa patrie par quelque coup d'éclat. Il remporta, sur les flottes confédérées, deux grandes victoires, l'une près d'Abydos, l'autre en vue de Cysique. La dernière fut tellement décisive, que l'ennemi écrivit à Sparte, dans son style laconique : *La fleur de votre armée a péri ; l'amiral n'est plus ; le reste des troupes meurt de faim, et nous ne savons que faire, ni que devenir.*

Après avoir pris Schimbrie, Calcédoine et plusieurs autres villes, imposé au gouverneur persan des rives de l'Hellespont, Pharnabaze, une armistice dont la condition la plus importante était que ce satrape paierait une certaine somme pour les frais de la guerre, il revint triomphant dans sa patrie. Jamais enthousiasme ne surpassa celui dont le peuple, qui avait fait justice de ses tyrans, salua son retour. Il ne tarda pas à remettre à la voile à la tête de cent galères. Sparte, cependant, avait songé à lui opposer un rival digne de lui, dans Lysandre, qu'on eut pu appeler, avec justesse, l'Alcibiade Lacédémonien. Fourbe, souple, insinuant, comme l'Athénien, moins vicieux, mais plus méchant, Lysandre avait le premier donné l'exemple d'un Spartiate courtisan des rois, car Démarate, à la cour de Xerxès, n'avait été que mécontent. Il s'attacha à gagner les bonnes grâces de Cyrus, à qui Darius, son père, avait confié le gouvernement de l'Asie-Mineure; il parvint à tirer de lui des secours effectifs en argent, ce que ses prédécesseurs n'avaient pu obtenir de Tissapherne. Il n'osa pourtant pas commettre sa fortune contre celle d'Alcibiade, mais il profita du moment où il était absent, pour battre son lieutenant Antiochus. A la nouvelle de cet échec, les Athéniens déposèrent leur généralissime, et lui substituèrent dix chefs, du nombre desquels était un fils de Périclès. Peu de temps après les Spartiates rappelèrent aussi Lysandre. Son successeur, Callicratidas, homme d'une vertu aussi irrécusable que la sienne était suspecte, après avoir remporté d'abord un grand nombre d'avantages, fut vaincu et tué près des Argirases, dans une bataille où presque toutes les forces maritimes de la Grèce était engagées. Les généraux vainqueurs furent plus malheureux peut-être que s'ils avaient été battus. Accusés devant le peuple, pour avoir négligé, à cause de la violence de la tempête, de faire donner la sépulture à leurs morts, ce qui était une omission capitale chez les anciens, ils furent condamnés à mort et exécutés au nombre de six. Un tel excès de rigueur semble fait pour inspirer l'horreur des gouvernemens populaires, mais il était réservé à l'oligarchie de se montrer beaucoup plus inique, plus cruel et plus odieux encore. En effet, la démocratie, comme le dit quelque part Napoléon, a des entrailles, on l'émeut; si elle s'abandonne trop souvent à des écarts, le repentir la ramène promptement à la justice, au lieu que l'oligarchie, n'agissant que par des passions réfléchies, ne revient jamais sur ses rigueurs.

Lysandre, que les Lacédémoniens

renvoyèrent pour lors à la place de Callicratidas, s'empara d'abord de Lampsaque, puis étant parvenu à inspirer aux Athéniens une fausse confiance, il saisit l'instant où ils étaient répandus dans la campagne, soldats et matelots, pour détruire leur flotte, dont il ne s'échappa que neuf galères, avec lesquelles Conon, plus vigilant que les autres chefs, s'enfuit en Chypre, résolu d'y attendre, dans un bannissement volontaire, qu'une fortune moins rigoureuse lui fournît l'occasion d'être utile à sa patrie. Lysandre, après avoir fait dans les îles de la dépendance d'Athènes, une tournée rapide, afin d'y établir, sous la présidence d'un *harmoste*, ou gouverneur lacédémonien, des conseils oligarchiques, se dirigea vers cette ville. Les deux rois de Lacédémone, Agis et Pausanias, s'étaient déjà rendus à la tête de l'armée de terre devant ses murailles; mais ce fut Lysandre qui reçut la soumission de ses habitans, au bout de quelques mois de siége. Ce général les obligea de démolir les fortifications du Pyrée, leur enleva toutes leurs galères, toutes leurs conquêtes, et leur imposa, avec un *harmoste*, un conseil de trente archontes, ou plutôt de trente tyrans. Ainsi fut consommé, l'an 402 avant J.-C., l'asservissement d'Athènes, dont quelques alliés de Sparte avaient vainement demandé la destruction.

Les Lacédémoniens furent d'abord embarrassés des richesses qu'ils avaient conquises, et dont la possession leur était interdite par leurs lois. Leur première résolution avait été de les bannir de leur ville, mais enfin ils décrétèrent qu'elles pourraient être employées à la défense commune, mais qu'on en défendrait, sous peine de mort, l'usage aux particuliers.

Néanmoins Sparte était déchue de son ancienne droiture. Les intrigues de son conseil allèrent frapper en Asie, par les mains de Pharnabaze, le plus actif de ses ennemis, Alcibiade, qui n'eut, pour lui rendre les derniers devoirs, que l'amour d'une femme nommée Timandre, qu'on croit avoir donné le jour à la célèbre Laïs.

Le conseil oligarchique d'Athènes se livrait pendant ce temps aux excès les plus horribles ; la mort presque toujours suivie de la confiscation, était dans ses mains une arme qu'il ne laissait pas reposer, en sorte *qu'il fit*, dit Xénophon, *périr plus de citoyens en huit mois de paix que les ennemis n'en avaient tué en trente ans de guerre*. Tant de malheurs attirèrent à Athènes la compassion même de ses ennemis, jusqu'alors les plus acharnés. Mégare donna asile à ses fugitifs, malgré la défense expresse de Lacédémone. Thèbes prit hautement leur défense. Un orateur syracusain, Lysias, leva à ses dépens un corps de cinq cents soldats, dans le but de les faire servir à l'affranchissement de la patrie commune de l'éloquence. Thrasybule, ayant réuni quelques autres troupes, se mit à la tête de ce secours. Il s'empara du Pyrée, vainquit l'armée des trente tyrans, et leur substitua un conseil de dix archontes que l'on fut encore obligé de chasser à cause de leurs excès. Enfin, les premiers tyrans ayant, après de vains efforts pour ressaisir leur pouvoir sanguinaire, subi la peine due à leurs crimes, l'ancienne constitution fut remise en vigueur. Ce fut alors que Thrasybule fit agréer cette fameuse loi d'amnistie qui prescrivait toute recherche du passé, et dont on a depuis plus souvent imité la forme que la religieuse exécution.

Cependant Lysandre était devenu l'idole des ennemis d'Athènes. Quelques villes avaient poussé l'adulation jusqu'à lui élever des autels : l'arrogance qui lui était naturelle s'en accrut ; hautain et dur à l'égard de ses inférieurs et même envers les alliés, il ne tarda pas à s'en aliéner l'affection. Il établit partout où il eut accès, des gouvernemens oligarchiques, et leur livra en plusieurs endroits les peuples à décimer. Enfin, ses excès allèrent au point d'obliger Pharnabaze lui-même à se faire auprès des éphores l'interprète de plusieurs villes de l'Hellespont et à demander son rappel qui lui fut accordé. Les peuples se relevèrent alors de leur oppression, et les oligarques eurent leur tour de revers.

Ce fut vers ce temps que Socrate, proclamé, par l'oracle de Delphes, le plus sage de ses contemporains, fut accusé d'impiété, parce qu'il enseignait un Dieu unique, et condamné à boire la ciguë (genre de supplice usité à Athènes). Il avait prouvé durant toute sa vie, qu'il avait le courage du guerrier et du citoyen (principalement sous les tyrans); il prouva à sa mort qu'il possédait au degré le plus éminent celui de la vertu.

Sur ces entrefaites, Darius Nothus étant mort, Cyrus dont nous avons déjà parlé, entreprit de disputer le trône à Arsace, ou Artaxerce, son frère aîné. Il lui livra bataille à Cunaxa, près de Babylone, soutenu d'un corps d'environ soixante-douze mille aventuriers grecs, commandés par le Lacédémonien Cléarque. Les Grecs vainquirent à l'aile droite où ils combattaient; mais Cyrus ayant été tué, ils se trouvèrent abandonnés à eux-mêmes, à six cents lieues de leur patrie, en présence d'un million de Barbares. Sommés de livrer leurs armes, ils résolurent, à l'exception d'un petit nombre, de tout braver plutôt que d'en venir à cette honte. Alors se fit en cent vingt-deux jours, par une espace de six cents vingt lieues, depuis Cunaxa jusqu'à Cotyore (sur l'Euxin), à travers des armées et des populations ennemies, cette fameuse retraite des *dix mille*, dont Xénophon fut à la fois général et historien.

Ce fait d'arme plus étonnant peut-être que les plus célèbres victoires qu'aient jamais remportées les Grecs, éleva extraordinairement leur courage. Il les convainquit que le rapport d'eux aux Perses n'avait pas changé depuis Marathon.

Les villes d'Ionie qui avaient suivi le parti de Cyrus, ne tardèrent pas à réclamer leur secours contre le ressentiment de son vainqueur. Dercillidas, surnommé Sysiphe, que les Lacédémoniens leur envoyèrent, les protégea par une nombreuse suite de succès.

Artaxercès, excité par Conon qui, du sein de l'exil, songeait à relever la puissance de sa patrie, équippa une flotte nombreuse, dont il lui donna le commandement. A cette nouvelle, Lacédémone envoya en Asie l'un de ses rois, Agésilas, frère et successeur d'Agis, également renommé pour ses talens militaires et pour ses vertus. Il fit en Phrygie et en Lydie un grand nombre de conquêtes, et remporta contre Tissapherne, près de Sardes, une grande victoire qui fut l'occasion de la disgrâce et de la mort de ce satrape, nommé alors généralissime tant de la flotte que de l'armée de terre, honneur, dit un historien, que jamais Sparte n'avait donné à aucun de ses généraux; il poursuivit le cours de ses succès, et il en était venu au point de faire trembler Artaxercès au fond de ses états, lorsqu'une ligue des principales villes grecques, fomentée par l'or de ce prince, et aussi en grande partie causée par la pesanteur du joug des Lacédémoniens, le força d'accourir sur l'ordre des éphores au secours de sa patrie. Avant son arrivée, Lysandre avait été vaincu et tué devant Haliarte, et Pausanias qu'on avait condamné à mort pour ne s'être pas cru en état de le venger, s'était banni volontairement de Sparte; mais, d'un autre côté, les troupes de la ligue avaient été battues près de Némée. Agésilas, ayant pris le commandement de l'armée, ajouta bientôt à cette victoire celle de Coronée, vivement et long-temps disputée par le courage des Thébains. Au moment de la gagner, il avait appris la défaite de la flotte lacédémonienne, battue par Conon dans les parages de Chidoc. Conon, après sa victoire, s'était hâté de se rendre à Athènes, pour en rétablir les fortifications, selon l'intention même de Pharnabaze, qui lui avait donné pour cet objet de grandes sommes, en sorte qu'elles furent rebâties avec l'argent et même en grande partie de la main des Perses qui les avaient ruinées deux cents ans auparavant. Sparte s'alarma de cette espèce de résurrection de sa rivale, et envoya à Téribaze, successeur de Tissapherne, son amiral Antalcide, avec l'ordre de conclure la paix à tout prix. Cette paix honteuse aux Grecs, qu'elle réduisait à n'être plus dans leur colonie d'Asie, que des vassaux du *grand roi* (c'est ainsi que les souverains persans se faisaient appeler), fit jeter les hauts cris à toutes les villes grecques d'Europe. Cependant, par l'impuissance de s'y soustraire et par la considération qu'elle stipulait, leur indépendance réciproque, elles s'y soumirent. Sur ces entrefaites, Conon, ayant été arrêté en Perse où il était allé en ambassade, ne reparut plus dans sa patrie, et l'on ne sut jamais ce qu'il était devenu.

Quelque temps après, des députés d'Apollonie et d'Acanthe dans la Macédoine, vinrent demander à Lacédémone du secours contre la ville d'Olynthe, qui, à peine soustraite au joug d'Athènes par la paix d'Autalcide, avait commencé à étendre le sien sur les peuples voisins. Les Lacédémoniens, quoiqu'ils n'observassent pas eux-mêmes les conditions de cette paix, car ils tenaient dans leur dépendance un grand nombre de villes du Péloponèse, firent partir sur-le-champ deux corps de troupes, sous les ordres de deux frères, Eudamidas et Plébidas. Ce dernier, en passant près de Thèbes, s'empara de sa citadelle, à l'instigation de Léontide, chef du parti des oligarques de cette ville. Un acte aussi perfide excita une indignation générale. Le sénat lacédémonien, par un subterfuge peu digne de sa renommée, punit le coupable, et retint le fruit du crime. Les chefs de parti démocratique furent proscrits. Ils trouvèrent, malgré les décrets de Sparte, au sein d'Athènes, l'asile qu'ils avaient jadis accordé à ses fugitifs. Bientôt l'un d'eux, Pélopidas, forme le projet de rendre la liberté à sa patrie, y rentre suivi de onze de ses compagnons, déguisés comme lui en chasseurs, frappent les tyrans réunis dans un festin, et, avec le secours d'Épaminondas, qui était demeuré dans la ville, s'emparent de la citadelle. L'immense puissance de Lacédémone, qui venait de triompher d'Olynthe, et qui dominait toute, la Grèce, menaça alors de s'abattre sur Thèbes. Athènes avait d'abord résolu de demeurer neutre ; mais une entreprise assez semblable à celle de Plébidas, tentée par Sphodrias, antre général lacédémonien, contre le Pyrée, l'engagea à se déclarer en faveur du parti le plus faible, mais le plus juste. Leur général, Timothée, fils de Conon, après avoir ravagé les côtes de la Laconie, s'empara de l'île de Corcyre, et battit la flotte des Lacédémoniens. Iphicrate, qui lui succéda, prit ensuite dix galères que le tyran Denis envoyait de Syracuse à leurs secours.

Plusieurs campagnes s'écoulèrent en escarmouches qui aguerrirent les Thébains au point qu'ils osèrent, ayant à leur tête Pélopidas, attaquer, près de Tégyre, les Lacédémoniens, quoique triples en nombre, et ce qu'il y a de plus glorieux, ils les battirent complétement. Avant l'action, un coureur était venu tout alarmé dire à Pélopidas : « Nous sommes tombés entre « les mains des Lacédémoniens. — « Hé! pourquoi pas, avait répondu « celui-ci avec un admirable sang-« froid, les Lacédémoniens entre les

« nôtres ? » Entre ce combat et la bataille de Leuctres, qui détruisirent la réputation d'invincibilité à nombre égal qu'avaient eue jusqu'alors les Lacédémoniens, il s'écoula divers événemens dont les plus considérables furent la destruction de Platée et de Thespie, et une assemblée des villes confédérées où, à l'instigation d'Agésilas, on exclut les Thébains, qui en étaient les auteurs, de l'alliance commune. Ils s'avancèrent bientôt sous Épaminondas, au nombre de six mille, jusqu'à la plaine de Leuctres, où était campé Cléombrote, l'un des deux rois de Sparte, avec une armée quatre fois plus nombreuse. Le général thébain rangea la sienne dans un ordre oblique, en refusant sa droite et renforçant sa gauche, qui se trouvait opposée à la phalange lacédémonienne. Il y plaça Pélopidas et le bataillon sacré, si célèbre depuis, et déjà illustré à la journée de Tégyre; ce bataillon était composé de trois cents jeunes gens, engagés par serment à ne point prendre la fuite, et à se défendre réciproquement jusqu'au dernier soupir.

La victoire balança long-temps, mais enfin la mort de Cléombrote la détermina en faveur des Thébains. Les Lacédémoniens continuèrent cependant à se défendre avec courage, mais ce ne fut bientôt plus qu'une déroute de la part des alliés.

Thèbes ne donna pas à ses ennemis le temps de se reposer. Épaminondas, ayant réuni une armée de dix mille hommes, ravagea leur territoire jusqu'en vue de leur capitale, sans éprouver de résistance, si ce n'est de la part de Scholas, qui, avec quelques vieillards, voulut renouveler le beau devouement de Léonidas. Le fruit de cette campagne fut, outre l'humiliation de Sparte, de détacher de son alliance une grande partie du Péloponèse, et de rétablir, sur les confins de son territoire, les anciens habitans de la Messénie, ses irréconciliables rivaux.

De retour à Thèbes, Épaminondas y fut appelé en jugement, pour avoir gardé le commandement au-delà du délai fixé par les lois (ce qui était un crime capital); il répondit à ses juges qu'il accepterait volontiers la mort pour prix de ce qu'il avait fait, si l'on consentait à lui en abandonner toute la gloire. Il fut absous ainsi que Pélopidas, accusé pour le même objet.

Sparte fut tellement abattue par la défaite de Leuctres, qu'elle envoya à Athènes implorer du secours. Les Athéniens, qui n'avaient pas dégénéré de leur ancienne générosité, leur en accordèrent. Sur ces entrefaites, Archidamus, fils d'Agésilas, fortifié d'un corps auxiliaire de Syracusains, remporta sur les Arcadiens, alliés de Thèbes, un avantage qui fut appelé par les Lacédémoniens, la *bataille sans larmes*, parce qu'il n'y eut pas de leur côté un seul homme de tué.

Artaxercès qui avait envoyé en Grèce un député pour réclamer l'observation exacte de la paix d'Autalcide, fut bientôt circonvenu au sein de sa cour par les ambassadeurs des principales villes de la Grèce, qui toutes briguaient le privilége de son alliance. Pélopidas le fit pencher en faveur de sa patrie, et obtint pour elle tout ce qu'il demanda. Quand il fut de retour, on lui donna le commandement d'une expédition contre Alexandre, tyran d'Éphèse, l'un des plus exécrables monstres couronnés qu'ait mentionnés l'histoire. Après l'avoir réduit à implorer sa clémence, l'illustre Thébain passa en Macédoine, où Perdiccas et Ptolémée qui s'y disputaient le trône de leur père Amyntas, l'appelaient comme arbitre. Il y assit Perdiccas qui avait sur son compétiteur l'avantage d'être sorti d'une union légitime, et emmena en ôtage son jeune frère Philippe, prenant ainsi, en quelque sorte, au nom de Thèbes, le royaume de Macédoine en tutelle. Ce fut un vrai malheur pour a Grèce, car si Philippe n'eût pas été formé à l'école de ses guerriers, il n'eût jamais été en état sans doute d'entreprendre de l'asservir. Quoi qu'il en soit, Perdiccas étant mort quelque temps après, Pélopidas alla encore une fois en Macédoine faire reconnaître les droits du pupille de Thèbes, et à son retour tomba entre les mains du traître Alexandre. Délivré par Épaminondas, il fut enfin tué dans un combat qu'il gagna contre le tyran. Sa mort plongea dans l'affliction, non-seulement ses concitoyens, mais encore les peuples de la Thessalie.

Une querelle survenue entre Tégée et Mantinée arma bientôt (l'an 371 avant J.-C.), comme auxilaires, d'un côté les Thébains, de l'autre les Athéniens et les Spartiates. Épaminondas à la tête des premiers et de leurs alliés, faillit surprendre Lacédémone; mais ayant échoué dans son dessein par la trahison d'un soldat crétois, il fit sa retraite vers Mantinée. Résolu d'attaquer sans différer l'armée ennemie qui l'avait suivi de fort près, il forme en marchant son ordre de bataille, et, au moment où elle s'y attend le moins, faisant faire à ses troupes un simple quart de conversion, se trouve en ligne vis-à-vis d'elle, mais obliquement, tout comme à Leuctres. Le général thébain, après avoir établi sur une hauteur, en avant de son extrême droite, un détachement d'élite pour tenir en respect, en menaçant ses flancs, la gauche de l'ennemi, se dispose à choquer avec la sienne, qu'il a renforcée en forme de coin, la phalange lacédémonienne. Nous entrons dans ces détails parce que les dispositions d'Épaminondas furent les plus savantes qu'un général grec eût encore jamais prises.

La redoutable phalange fit une résistance telle qu'on pouvait l'attendre de soldats spartiates, sa défaite entraîna celle de toute la ligne. Cependant les Athéniens qui formaient la gauche reprirent de leur côté quelque avantage, grâce au bruit qui se répandit qu'Épaminondas avait été tué. L'illustre Thébain, atteint d'un javelot dont la pointe était restée dans sa poitrine, ne devait vivre qu'aussi long-temps que le fer homicide n'en serait point retiré. Il l'arracha lui-même, après avoir rendu grâce aux dieux de ce qu'ils lui faisaient voir, à son dernier soupir, le triomphe de sa patrie.

Ainsi mourut Épaminondas, rare assemblage de grands talens et de grandes vertus; guerrier supérieur, savant profond, philosophe de bonne foi, excellent citoyen et excellent fils; Cicéron n'hésite pas à le nommer le plus grand homme de la Grèce. Après sa mort, les Thébains ne firent plus rien de bien remarquable; on peut presque dire que leur gloire tint à deux hommes : elle commença dans Pélopidas et finit en lui.

Les Grecs, lorsque la fin de leurs

dissensions leur laissaient quelque relâche, comme il arriva après la journée de Mantinée, qui fut suivie d'une prompte paix, allaient combattre comme auxiliaires du roi de Perse ou de ses sujets révoltés, quelquefois même des deux ensemble. Agésilas, dont le caractère s'était gâté en vieillissant, ne dédaigna pas de se mettre à la solde de Tachus, roi d'Égypte, puis de Nectolémus, son compétiteur, qu'il soutint contre toutes les forces d'Artaxercès. Quand il crut l'avoir solidement établi, il s'embarqua pour revenir à Sparte, fit naufrage sur les côtes d'Afrique, et y mourut à l'âge de quatre-vingt-quatre ans.

La révolte de plusieurs îles sujettes d'Athènes, occasiona, vers le même temps, la guerre dite *des alliés*. Les îles conquirent leur indépendance après une lutte de trois années, dans laquelle figurèrent, du côté d'Athènes, les derniers généraux recommandables qu'elle ait produits, Chabrias, Timothée, Iphicrate; Timothée renommé surtout à cause de sa rare prospérité militaire; et Iphicrate, dont l'un des titres de gloire fut d'avoir perfectionné l'armure et la tactique des anciens. Les Athéniens furent plus heureux quelque temps après, dans deux expéditions successivement entreprises à la persuasion du célèbre Démosthènes, qui faisait alors son apparition sur la scène politique; l'une, pour la délivrance de Mégalopolis, en Arcadie; l'autre, pour celle de l'île de Rhodes, asservie par la fameuse Artémise, veuve du roi Mausole. A la même époque, Timoléon partait de Corinthe pour aller délivrer Syracuse du joug sous laquelle la tyrannie des deux Denys l'avait tenue courbée plus de cinquante ans.

Nous sommes maintenant arrivés au temps où l'histoire de la Macédoine va se lier à celle de la Grèce. Jusque-là, les Grecs avaient considéré cette province comme étrangère. Ses rois avaient souvent brigué, comme un honneur pour eux-mêmes, ou pour leur fils, le titre de citoyens de Sparte ou d'Athènes. L'un d'eux, Alexandre, dont il a été question dans le récit de l'expédition de Xerxès, se vit exclu, comme barbare, de la célébration des jeux olympiques, et Démosthènes, dans ses impétueuses harangues, applique cette épithète à Philippe lui-même, quoique élevé en Grèce. On peut donc dire que les Macédoniens n'ont pas toujours été Grecs, et qu'ils tirèrent leurs lettres de naturalisation de la puissance de leurs armes.

La monarchie macédonienne, fondée l'an 813 avant Jésus-Christ, par Caranus, offre une suite de dix-sept rois, tous fort obscurs, jusqu'à Philippe, le plus jeune des fils d'Amyntas II et d'Euridice. Nous avons vu comment il fut amené à Thèbes par Pélopidas. Il y fut élevé dans la maison d'Épaminondas, qu'on croit avoir soigné lui-même son éducation. Philippe était plus propre à profiter de ses talens que de l'exemple de ses vertus. Lorsqu'il fut parvenu à un certain âge, ayant appris qu'il s'était élevé dans sa patrie de nouveaux troubles, il en prit le chemin après s'être soustrait à la surveillance dont il était l'objet comme ôtage.

Deux hommes, qui étaient loin de compter sur son arrivée, s'y disputaient la souveraine puissance, Pausanias, prince de sa famille, porté par les Thraces, et Argée que soutenait Mantias, général des Athéniens. Il prend bientôt en main les rênes de l'état (l'an 360 avant J.-C.), introduit l'ordre dans toutes les parties, s'attache à rétablir la discipline parmi les troupes, institue la phalange macédonienne, parvient à obtenir l'alliance d'Athènes, achète celle des Péoniens qui dévastaient ses frontières, triomphe facilement alors de ses deux compétiteurs, et lorsqu'il les a vaincus, fait sentir aux Péoniens qu'il n'a prétendu conclure avec eux qu'une trève, les soumet, et enlève en même temps aux Illyriens les places dont ils s'étaient emparés au sein de la Macédoine. Ces commencemens annonçaient un homme habile : aussi dès-lors, « en qualité « de politique et de conquérant, dit un « historien, il songe à étendre ses « frontières, à assujettir ses voisins, à « affaiblir ceux qu'il ne peut encore « dompter, à entrer dans les affaires « de la Grèce, à prendre part à ses « querelles intestines, à chercher à « s'en rendre l'arbitre, à s'unir aux « unes pour accabler les autres, afin « de devenir le maître de tous. Dans « l'exécution de ce dessein, il n'épar- « gne ni les ruses, ni la force des « armes, ni les présens, ni les promesses: « négociations, traités, alliances, tout « est mis en œuvre; il emploie chacun « de ces moyens, selon qu'il le juge le « plus propre au succès de son projet: « l'utilité seule en règle le choix : »

Tel était Philippe. Il disait ne pas connaître de forteresse inaccessible à sa puissance, pourvu qu'un mulet chargé d'or pût y monter.

Sur ces entrefaites, les Phocéens ayant mis le soc dans quelques terres consacrées à Apollon, le conseil des amphictyons les déclara sacriléges, et décréta contre eux la *guerre sacrée*. Cette guerre sacrée fut une guerre barbare où les vainqueurs massacraient impitoyablement les vaincus. Elle mit aux prises, d'un côté, les Phocéens, les Athéniens, les Spartiates, et de l'autre, les Thébains, les Locriens, les Thessaliens. Elle ne fit que miner et décimer les peuples, enrichir quelques chefs, et fournir, à Philippe, l'occasion d'étendre sans obstacle sa domination. Il prit successivement Amphipolis, Crénides, appelé depuis, de son nom, Philippes, Méthone, au siége de laquelle il perdit un œil. La guerre sacrée, qu'il ne cherchait pas, vint le chercher. Il défit Onomarque, qui avait amené les Phocéens au secours des successeurs d'Alexandre, tyran de Phère, et se concilia ainsi l'amour des Thessaliens, dont l'excellente cavalerie, unie désormais à sa phalange, devait presque la rendre invincible. Il songea à poursuivre les Phocéens jusque dans la Grèce; mais les Athéniens l'ayant prévenu aux Thermopyles, il n'osa pas entreprendre de les y forcer. Il tourne alors ses armes contre la ville d'Olynthe qui, faiblement secourue par Athènes, malgré les instances réitérées de Démosthènes, et d'ailleurs trahie par ses propres magistrats, tombe en son pouvoir. Philippe, qui jusqu'alors s'était prudemment tenu au dehors de la guerre sacrée, se décide à y intervenir comme auxiliaire de Thèbes, quand il voit enfin les deux partis épuisés par la longueur et l'acharnement de la lutte. Ayant eu soin auparavant de détourner l'attention d'Athènes par une négociation captieuse, il franchit tout à coup les Thermopyles, obtient sans combattre la soumission de la Phocide, disperse ses peuples, et se fait donner la succession de leur droit de séance au conseil des amphictions, assemblés par ses ordres. Il retourne ensuite triomphant dans ses états, dont il continue d'étendre, par ses conquêtes, les limites en Illyrie et en Thrace, où le général athénien, Diopithe, père du poëte Ménandre, soutient d'abord avec avantage les intérêts de sa patrie. Peu de temps après, Philippe, qui paraissait occupé du projet de pénétrer dans le Péloponèse à la faveur d'une ligue de Thèbes, d'Argos et de Messène, jette tout à coup, sur quelques difficultés qu'il y éprouve, un corps de troupe dans l'Eubée, qu'il appelait *les entraves de la Grèce*, et y établit plusieurs vice-tyrans. Les Athéniens, qui tout récemment ont généreusement rendu à la liberté cette île opprimée, y envoient du secours avec Phocion, élève de Platon et de

Xénocrate, excellent général et citoyen, digne des beaux temps d'Athènes, et surtout de Sparte. Philippe, alors, rabat vers la Thrace, et entreprend, pour réduire Périnthe et Bizance, un double siége, que Phocion encore le force de lever. L'ambition du roi de Macédoine n'en est point rebutée. Après une expédition contre les Scythes et d'autres Barbares, il engage, à force d'intrigues, les amphictions à décréter la guerre sacrée contre les Locriens d'Amphysse, qui avaient labouré un champ voisin de Delphes (la campagne Cyrrhée), s'en fait donner le commandement, mais, quand il est entré en Grèce, oubliant le dessein qui l'y a amené, il s'empare d'Élatée en avant de Thèbes. Athènes, tremblant que les Thébains n'ouvrent au perfide Macédonien un accès vers son territoire, leur envoie Démosthènes, qui les détermine à se déclarer contre lui. Philippe, sur-le-champ, s'avance en Béotie, et trouve l'armée combinée de Thèbes et d'Athènes un peu moins nombreuse que la sienne, près de Chéronée. Les alliés sont défaits, non par faute de courage, mais faute d'un chef. Philippe étend, par une conduite modérée et clémente, le bénéfice de sa victoire; et, pour détourner les vaincus de l'attention de leur propre humiliation, il leur montre en perspective celle du roi de Perse, et se fait nommer, contre ce prince, généralissime de la confédération grecque. Il n'eut pas le temps de mettre à exécution le projet qu'il avait formé de porter la guerre en Asie, et après divers événemens domestiques dont le récit n'est pas de notre sujet, il mourut, pendant les noces de sa fille, assassiné par un jeune homme de ses gardes qu'un déni de justice prolongé avait irrité contre lui.

Philippe laissa pour héritier de son sceptre et de ses desseins, son fils, Alexandre, alors âgé de vingt ans. Le soin de son éducation avait été confié à

Aristote*. Mais les sages leçons de l'illustre philosophe n'avaient pu étouffer dans son cœur le germe d'une ambition effrénée. Cette ambition s'était manifestée de bonne heure. Toutes les fois, qu'enfant encore, il apprenait quelque nouveau succès des armes macédoniennes, il disait en soupirant à ses camarades : « O mes amis, mon père « prendra tout, et ne nous laissera « rien à faire ! »

Il avait, dès l'âge de quinze ans, réprimé, en l'absence de Philippe, diverses insurrections de Barbares, et contribué plus récemment à la victoire de Chéronée. A peine eut-il pris possession du trône paternel,

* *Je vous apprends qu'il m'est né un fils*, écrivait le roi de Macédoine au philosophe de Stagyre ; *je rends grâce aux dieux, non pas tant de me l'avoir accordé que de me l'avoir donné du temps d'Aristote.* Une telle lettre prouve que Philippe, pour être étranger, n'était pas aussi barbare que le disait Démosthènes.

qu'il songea à remettre sous le joug Thèbes et Athènes révoltées. Il rasa l'une, après avoir surmonté l'héroïsme de ses citoyens, et fit grâce à l'autre. Il se fit ensuite, à l'exemple de son père, décerner le titre de généralissime de la Grèce, et se hâta d'aller diriger en Macédoine, les préparatifs de l'expédition que ce titre annonçait. Il en partit à la tête d'une armée de trente mille hommes, l'an 334 avant J.-C., et, après avoir, en dix années, soumis toute l'Asie, depuis le fleuve de l'Indus jusqu'à l'Hellespont, mourut à Babylone, laissant, sans héritier, le vaste empire qu'il avait formé. Nous n'entrerons point dans le détail de ses conquêtes, qui appartient à l'histoire d'un homme plutôt qu'à celle de la Grèce.

Pendant qu'il y était occupé, Antipater, qu'il avait laissé en Macédoine, eut à soumettre d'abord la révolte de quelques villes de Thrace, puis celle des Lacédémoniens, qui, avec le secours de quelques alliés, entreprirent de secouer le joug étendu sur la Grèce. Malgré les efforts d'un sublime courage, ils furent obligés de céder au nombre, l'an 330 avant J.-C., dans une bataille où périt Agis, leur général et leur roi. Six ans après, Harpalus, l'un des lieutenans d'Alexandre, ayant fui de Babylone avec de grandes richesses et quelques mille hommes, essaya, mais vainement, de faire révolter Athènes contre ce prince. Démosthènes, accusé de s'être laissé corrompre par l'or du rebelle, fut condamné au bannissement.

A la nouvelle de la mort d'Alexandre, cet illustre orateur se joignit aux ambassadeurs qu'Athènes s'était hâtée de députer aux autres villes, et son éloquence en entraîna un grand nombre dans la ligue qui se forma alors contre la domination des Macédoniens. Antipater, qui se regardait comme le souverain de la Macédoine, se mit aussitôt en route pour la dissoudre;

mais arrêté et vaincu près de Lamia, en Thessalie, il est contraint de se renfermer dans cette ville, et, bientôt après, de se rendre à discrétion, après qu'un secours que Léonatus lui amenait de Phrygie, eut été battu ; le général de la ligue, l'Athénien Léosthènes, survécut peu à cette victoire.

Les alliés ne furent pas aussi heureux sur mer. La flotte des Athéniens éprouva deux défaites successives près des Échinodes.

Cependant les Macédoniens, ayant reçu des renforts de Cilicie, se trouvèrent numériquement bien supérieurs aux coalisés qui, faute de discipline plutôt que de valeur, furent vaincus. Découragées par un seul échec léger encore, les villes grecques ne songèrent plus qu'à faire leur paix particulière. Antipater s'avança sans obstacle jusqu'à Athènes, qui fut obligée de subir des conditions *fort douces pour des esclaves,* selon un contemporain, le philosophe Xénocrate, *mais très-*

dures pour des hommes libres. Le vainqueur y établit une garnison macédonienne et un gouvernement aristocratique. Il fit ensuite égorger Hypéride, Aristonicus et Hymère, trois des principaux instigateurs de la guerre. Démosthènes, qui s'était réfugié dans un temple de l'île de Calaurie, s'y empoisonna pour éviter de tomber entre ses mains. Ainsi mourut le prince des orateurs, l'un des plus zélés républicains qui jamais aient existé.

Depuis ce temps, l'histoire de la Grèce ne jette presque plus aucun éclat. Ses villes, outre qu'elles sont pour la plupart opprimées par des tyrans particuliers, ont toutes, dans quelqu'un des nombreux successeurs d'Alexandre, un protecteur, c'est-à-dire un maître.

Antipater étant mort (l'an 319 avant J.-C.), ses fils, Cassandre et Polyperschon, le plus ancien des compagnons d'Alexandre qui survécut, se disputèrent l'héritage de son pouvoir, qu'à ses derniers instans il leur avait enjoint d'exercer en commun. Athènes crut devoir profiter de la conjoncture pour secouer le joug. Phocion, que sa modération avait rendu odieux, et même suspect à ses concitoyens, fut, sur ces entrefaites, condamné à la peine de mort, qu'il subit. Il avait vécu comme Aristide, il mourut comme Socrate.

Cassandre se rendit bientôt maître de la ville, et y établit, pour la gouverner, Démétrius de Phalère, orateur et homme de lettres, qui s'en était autrefois banni, pour se soustraire à la vengeance d'Antipater. Démétrius exerça son pouvoir avec douceur et sagesse, rendit des lois dignes de celles de Solon, favorisa autant qu'il fut en lui la démocratie, enfin fit asseoir, selon l'expression de Cicéron, la philosophie au timon de l'état. Les Athéniens lui érigèrent trois cent soixante statues, que bientôt après ils détruisirent, lorsque Démétrius-Polyorcète (preneur de villes), fils d'Antigone, lui ravit (306 ans avant J.-C.) le pouvoir qu'il avait exercé dix ans, pour le remettre entièrement dans les mains du peuple. Démétrius, après avoir vécu quelque temps près de Cassandre, alla en Égypte prendre la direction de l'académie et de la bibliothèque d'Alexandrie, où il mourut.

Vers le temps dont il vient d'être parlé, Thèbes se releva de ses ruines, sous la protection de Cassandre, et avec le secours des villes voisines, particulièrement d'Athènes.

Le fils d'Antigone, en rétablissant la démocratie, avait excité au plus haut point l'enthousiasme des Athéniens. Ils gardèrent si peu de mesure qu'ils lui décernèrent des honneurs divins, et ils trouvèrent encore le moyen de surpasser cet excès d'adulation, trois ans après, lorsqu'il les eut de nouveau délivrés de Cassandre, qui était venu les assiéger. Mais leur affection pour leur libérateur ne devait pas survivre au temps de ses prospérités. Polyorcète ayant été vaincu en Asie, conjointement avec son père, à la célèbre bataille d'Ipsus, ils lui fermèrent leurs portes, sous le prétexte qu'ils voulaient demeurer neutres entre les belligérans. Ce prince malheureux dissimula; mais, peu de temps après, il vint mettre le siége devant leur ville, les força de se rendre à discrétion, et ne s'en vengea qu'en leur pardonnant. Il marcha ensuite contre les Lacédémoniens, qui s'étaient engagés à les secourir, et défit leur roi, Archidamus, près de Mantinée, pris en vue de Sparte, dont sans doute il se fût emparé, si d'autres affaires ne l'eussent promptement appelé en Asie. Pyrrhus, le premier roi d'Épire, qui ait attiré quelque éclat sur cette contrée, commençait alors à produire au jour ce caractère de monarque aventurier, qui devait signaler toute sa vie. Il envahit, vers le temps dont nous parlons, et abandonna, presque aussitôt après, la moitié de la Macédoine.

C'est encore à cette époque qu'une grande émigration de Gaulois, après avoir franchi, non sans peine, le pas des Thermopyles, vint échouer contre les murs de Delphes. Leur défaite, attribuée par les écrivains nationaux au courroux déployé par Apollon, fut très-certainement due au zèle religieux qui attira, de toutes parts, les Grecs à la défense de la ville sacrée. Les Gaulois furent si vivement harcelés, dans leur retraite, qu'il ne s'en échappa pas un seul.

Pyrrhus, de retour de l'Italie où il était allé heurter, mais vainement, la puissance romaine, subjugue de nouveau la Macédoine; puis, sans s'occuper d'y affermir avant tout sa puissance, comme la prudence la plus commune le lui conseillait, s'avance aussitôt vers Lacédémone, sous le prétexte d'y soutenir les droits de Cléonyme, oncle de l'un des deux rois,

Acrotate et Arcée. Les Lacédémoniens, quoique l'élite de leurs soldats fût alors en Crète, le repoussèrent, guidés par Acrotate, et il se disposait à hiverner dans le voisinage de leur territoire, lorsqu'une faction l'appela dans Argos. Arcée, accouru de Crète avec ses Spartiates, l'y précéda, et aidé de quelques autres troupes, l'y accueillit. Le roi d'Épire, affaibli déjà par diverses embuscades qu'il avait eues à forcer sur sa route, commença presqu'aussitôt sa retraite au milieu des rues, et fut tué d'un coup de tuile qu'une vieille femme, dont il allait percer le fils, lui lança du haut d'un toit.

Cependant Athènes et Sparte se liguèrent ensemble, et avec le roi d'Égypte Ptolémée, contre la puissance d'Antigonus Gonatas, qui, après la mort de Pyrrhus, s'était emparé de la Macédoine (l'an 271 avant J.-C.). Athènes assiégée et faiblement secourue par ses deux alliés, lui ouvrit ses portes après un siége de peu de durée.

Sur ces entrefaites la république des Achéens originairement composée de douze villes ou bourgs, dont le plus considérable, selon toute apparence, était Patras, et qui, dès l'an 280 avant J.-C., s'était délivrée des tyrans que lui avait imposés la Macédoine, commença à sortir de l'obscurité où l'avait long-temps tenue sa faiblesse. Fortifiée de l'alliance de Sicyone, elle mit à sa tête Aratus, au courage duquel cette ville avait dû son affranchissement de la tyrannie. Aratus, jeune, entreprenant, plein de zèle alors pour sa patrie, remporta divers avantages contre les Étoliens; car les Grecs, au sein même de leur commun abaissement, nourrissaient leurs anciennes dissensions. Bientôt, profitant du voile d'une nuit obscure, il s'empare avec quatre cents hommes de la citadelle de Corinthe, dont il chasse la garnison macédonienne, et, par l'éclat de cet audacieux exploit, parvient à entraîner dans la ligue des Achéens, Mégare, Trézène, Mégalapolis, Épidaure et plusieurs autres villes. Argos seule lui résiste et conserve ses tyrans.

Vers la même époque, un roi de Lacédémone, Agis, le sixième des descendans directs du grand Agésilas, entreprit de faire revivre dans sa patrie les réglemens de Lycurgue, et y réussit en partie. Mais les grands, ennemis d'une réforme qui rétablissait l'égalité entre les citoyens, profitèrent de son absence pour mettre à la tête du gouvernement Léonidas, roi banni, que ses mœurs corrompues et dispendieuses attachaient naturellement à leur cause. Celui-ci appela Agis en jugement, et le fit mettre en prison, puis égorger par les éphores avec son aïeule et sa mère. Les vues d'Agis devaient cependant être remplies par Cléomène, fils et successeur de Léonidas. Ce nouveau roi résolut de rétablir l'égalité des biens; mais, pour y parvenir, il supprima la dignité des éphores, et pour la supprimer, il fit mettre à mort ceux qui étaient en charge.

Cléomène remporta ensuite de grands avantages sur la ligue achéenne dont il avait déjà battu les troupes dès son avènement à la royauté. Il lui prit successivement Caphyes, Pellènes, Phénée, Phtionte, Cléones, Épidaure, Heraisne, Trézène, Argos et même Corinthe, hormis la citadelle. Aratus qui, en vieillissant, était dégénéré de sa vertu, dont la prudence était devenue timidité et l'émulation envie, détermina les Achéens à recourir à la protection d'Antigonus, plutôt que de consentir à ce que le roi de Sparte fût nommé généralissime de la ligue, ainsi qu'il le demandait. Antigonus accourut avec une armée d'environ trente mille combattans, fut arrêté d'abord aux défilés des monts Aoniens; mais la révolte d'Argos, en exposant les derrières des Lacédémoniens, les contraignit d'abandonner ce poste important, et ouvrit le Péloponèse aux troupes macédoniennes, qui occupèrent aussitôt Corinthe, Tégée, Mantinée, Orchomène, etc. Cléomène, dans l'instant où on le croyait réduit à défendre les limites de la Laconie, conçut tout à coup le projet de se rendre maître de Mégalopolis, et en vint à bout. Les Mégalopolitains qui, à son approche, s'étaient retirés à Messène, aimèrent mieux voir ruiner leur ville que d'abandonner l'alliance des Achéens. Ils furent principalement soutenus dans cette résolution par le jeune Philoppœmen, dont le caractère grand et généreux révélait déjà un héros, le dernier grand homme de la Grèce ancienne.

L'année d'après ces événemens, Antigonus entra dans la Laconie où il trouva Cléomène avantageusement posté près de Sélasie, sur les bords du fleuve Œnus. La bataille s'engagea après quelques jours passés à s'observer de part et d'autre. L'armée de Cléomène fut presque anéantie, et Antigonus entra aussitôt dans Sparte, qui, quoique sans muraille, s'était jusque-là maintenue vierge de toute occupation étrangère. Après y avoir aboli les sages réglemens de Cléomène qui avait fait voile pour l'Égypte, il partit lui-même pour la Macédoine où l'appelait une incursion d'Illyriens.

Trois ans après, Cléomène étant mort victime de la perfidie des courtisans de Ptolémée, Sparte songea à se donner de nouveaux rois, mais les révolutions violentes dont elle sortait d'éprouver la secousse, avaient achevé d'y déraciner dans les esprits le respect de l'ancienne constitution; sa destinée était désormais d'obéir au premier ambitieux assez fort ou plutôt assez hardi pour entreprendre de l'asservir, et, au milieu des villes libres de l'Achaïe, la rivale d'Athènes devait seule incliner un front humilié sous la verge de la tyrannie.

Les Étoliens, peuplade belliqueuse, sans villes remarquables, mais dont le territoire s'étendait depuis les confins du Péloponèse jusqu'à ceux de la Thessalie, profitèrent bientôt du relâchement que quelques années de paix avaient introduit dans la discipline militaire du Péloponèse, pour faire des incursions dans le pays des Messéniens. Aratus, à la tête de la ligue Achéenne, leur livra bataille près de Caphyes et fut battu. Il détermina encore une fois ses concitoyens à appeler à leur secours le roi de Macédoine. Philippe, fils d'Antigonus, auquel il venait de succéder, accourut à Corinthe, réunit les alliés des Achéens, et dès-lors prit une part active à la guerre, allant, tant qu'elle dura, de la Macédoine dans le Péloponèse, et du Péloponèse dans la Macédoine, où son autorité se trouvait inquiétée de temps en temps, mais toujours signalant sa route par quelque expédition glorieuse. La plus remarquable fut la prise de Thermes, capitale de l'Étolie, et la retraite qui en fut la suite. Le roi conclut enfin la paix, en son nom et en celui des Achéens, afin de pouvoir tourner toutes ses forces contre l'Italie, que l'échec, éprouvé vers cette époque par les Romains sur les bords du lac Trasimène, lui faisait considérer comme une proie facile. Il contracta en conséquence une alliance avec Annibal, lui cédant le butin et les captifs de ses conquêtes à venir, et s'en réservant le territoire.

La première épreuve que Philippe fit de la valeur romaine, ne lui fut pas glorieuse. Il fut défait devant Appollonie, dont il avait formé le siége, et put à peine échapper à ses vainqueurs. On eût dit, dès-lors, qu'il avait résolu de se venger de sa défaite sur ses alliés et sur ses amis. Il dévasta en furieux le territoire des Messéniens, contre lesquels il n'avait nul grief; et, sur les plaintes qu'en fit Aratus, dont il avait long-temps suivi les conseils comme ceux d'un oracle, il ordonna à l'un de ses sicaires de l'empoisonner. Ainsi périt le doyen des généraux de l'Achaïe, après avoir eu dix-sept fois le commandement des troupes de la ligue : son trépas excita, malgré ses fautes, un deuil universel.

Bientôt les Romains entraînèrent dans leur alliance les Étoliens, les Éléens, les Lacédémoniens, qui déjà, dans la dernière guerre, n'avaient pas suivi le même étendard que le reste des Péloponésiens. Après un grand nombre de combats, dans lesquels on vit figurer Scophas et Damocrite comme chefs des Etoliens, Valérius Népvius, Lévinus Sulpitius, du côté des Romains, Philippe, à la tête des troupes macédoniennes et philoppémènes, comme général des Achéens; la paix fut conclue entre les belligérans. Philoppœmen fut de tous ces généraux celui dont les exploits jetèrent le plus d'éclat sur cette guerre. Dans un temps où les Romains, occupés contre

Annibal et Philippe sur les frontières de son royaume, abandonnaient leurs alliés à leurs propres forces, Philopœmen, nommé général des Achéens, avait remporté par sa présence d'esprit et son courage, auprès de Mantinée, une victoire mémorable sur Machanidas, tyran de Sparte, qui aspirait à la domination du Péloponèse, et l'avait tué de sa propre main, sans pouvoir néanmoins tuer d'un même coup la tyrannie dont l'héritage avait été recueilli par Nabis, plus cruel encore et plus exacteur que Machanidas.

Cependant Philippe ayant, sous divers prétextes, attaqué les Rhodiens, les Athéniens, et Attale, roi de Pergame, tous alliés du peuple romain, souleva encore une fois contre lui la puissance formidable de Rome, dont ils étaient les alliés. Claudius Ceuto alla rassurer Athènes contre les entreprises de ce prince (200 ans avant J.-C.), et même lui brûla Cholée. Sulpitius le battit dans son propre royaume; et

Villius, qu'on envoya pour remplacer ce consul, remporta l'année suivante, contre le monarque macédonien, de nouveaux avantages, que continua, mais avec plus de vigueur, son successeur, T. Quintius Flamininus.

Ce dernier battit complétement Philippe sur les bords de l'Apsus et parcourut en vainqueur l'Épire, la Thessalie, la Phocide où il assiégea et prit Élatée ; continué dans son commandement et fortifié des secours des Étoliens, des Béotiens, des Achéens mêmes, il se remet en campagne, l'année suivante, joint Philippe près de Scotussa et des monts cynoscéphales, et remporte sur lui une victoire décisive qui enfin le force à implorer la paix. Jamais joie ou plutôt délire n'égala celui que les Grecs manifestèrent, lorsqu'un héraut proclama au milieu des jeux isthmiques, qu'en conséquence de cette paix, toutes leurs villes seraient rendues à la liberté, qu'elles seraient déchargées de tout tribut, et qu'on en retirerait toutes les garnisons tant romaines que macédoniennes. Étonnés, transportés, hors d'eux-mêmes, ils craignaient d'avoir mal entendu, mal compris ; ils s'interrogeaient les uns les autres, et surtout interrogeaient le héraut ; quand enfin ils furent assurés de leur bonheur, il ne leur fut plus possible de prêter aux jeux et aux spectacles aucune attention ; ils se hâtèrent de les quitter et d'entourer le consul ; c'était pour eux comme un autre Miltiade, comme un autre Thémistocle ; il fut presqu'accablé sous le nombre des guirlandes et des couronnes de fleurs dont chaque main s'empressait de le charger.

Restait Nabis, tyran de Sparte, qui ne paraissait point disposé à rendre à la liberté ni la Laconie, ni Argos que Philippe lui avait précédemment livré. Flaminius, après avoir avec les forces des alliés contraint le tyran à demander la paix, se contenta de lui enlever Argos, et, par un motif de politique méticuleuse, consentit à ce qu'il continuât de régner dans Sparte. Nabis ayant peu de temps après enfreint les conditions qu'on lui avait imposées, vainquit sur mer Philoppœmen qui bientôt reprit sur terre sa revanche, et le força de se renfermer dans Sparte. Enfin les Étoliens, sous prétexte de secourir le tyran, lui ayant envoyé quelques troupes, parvinrent à en purger la Grèce, mais sans pouvoir réduire la ville sous leur domination, comme ils en avaient formé le dessein. Philoppœmen la fit rentrer dans la ligue des Achéens.

Cependant les Étoliens fiers de la part qu'ils avaient eue à la victoire de Cynocéphale où ils s'étaient fait admirer même des Romains, ne tardèrent pas à se montrer jaloux de l'influence que ceux-ci exerçaient dans la Grèce. Bientôt, sous le prétexte de la délivrer de la prétendue oppression qu'elle souffrait, ils appelèrent, à l'appui de leur imprudente rivalité, Antiochus, roi de Syrie et de presque toute la haute Asie. Ce prince, après avoir obtenu quelques avantages dans l'Eubée et en Thessalie, fut battu près des Thermopyles par le consul Acilius, grâce à la vanité qui l'empêcha de suivre le plan d'Annibal, alors retiré près de lui. Sa défaite et la prise d'Héraclée qui en fut la suite, entraînèrent peu de temps après la soumission de l'Étolie, et lui-même, poursuivi en Asie par les armes romaines, se trouva trop heureux d'acheter la paix au prix d'une partie de ses états.

Cependant Lacédémone n'avait pas encore rouvert ses portes à ceux de ses habitans qui avaient été bannis durant la tyrannie. Ceux-ci s'étant établis dans son voisinage, se mirent à lui faire une petite guerre. Ils y eurent d'abord le dessous, mais ensuite, soutenus de Philoppœmen et de la ligue achéenne, ils se firent livrer les plus acharnés d'entre leurs ennemis et les immolèrent à leur ressentiment. Ce fut un grief que Sparte fit long-temps valoir auprès du sénat de Rome, et la seule tache à la gloire de Philoppœmen. Ce général fut mis à mort quelque temps après par les magistrats de Messène, aux mains desquels il était tombé à la suite d'une tentative infructueuse qu'il avait faite pour contraindre cette ville à rentrer dans la ligue achéenne, dont elle s'était séparée. Les Achéens le regrettèrent comme le plus grand de leurs guerriers et tout à la fois le plus patriote et le plus simple dans les mœurs de leurs citoyens. Il venait d'être, pour la huitième fois, général de leur ligue.

La guerre n'eut pas long-temps tardé, sans doute, à éclater de nouveau entre Rome et le roi de Macédoine, si la mort ne fût venue surprendre ce prince. Il eut pour successeur, son fils Persée.

Les princes d'Orient ne voyaient pas, sans effroi, le torrent de la puissance romaine prêt à déborder sur l'Asie. Une seule digue paraissait encore capable de l'arrêter, la Macédoine; mais il eût fallu, pour en diriger la résistance, un autre Alexandre le Grand ou un autre Philippe; et Persée, son roi actuel, n'était rien moins. Cependant il continua les préparatifs de la guerre que son père avait projetée. La Grèce se déclara pour les Romains, à l'exception de quelques bourgades de la Béotie. On sait quelle fut l'issue de cette guerre. (*Voy.* notre Histoire romaine.) Les Macédoniens devinrent tributaires de Rome (l'an 168 avant J.-C.), mais, en revanche, ils acquirent la liberté, c'est-à-dire, selon l'idée qu'on s'en formait alors, la faculté (car pour le droit il est imprescriptible) de se gouverner eux-mêmes à l'instar des Grecs.

Les Romains et leurs partisans recherchèrent bientôt dans toute la Grèce, pour s'en venger, ceux qu'on soupçonnait d'avoir fait des vœux pour le triomphe de Persée. On les mit à mort dans l'Étolie. La persécution s'étendit ensuite jusqu'à ceux qui, n'ayant favorisé ni les Romains, ni Persée, désiraient seulement l'indépendance de leur patrie : ce n'étaient pas les moins odieux; on les força d'émigrer en Italie. Ces sortes de bannis furent tirés de l'Étolie, de la Béotie, de l'Acarnanie, de l'Épire : la ligue achéenne en fournit mille, au nombre desquels était Polybe, fils de Lycortas, qui avait été président de la ligue, élève de l'illustre Philoppœmen, et ami futur de Scipion l'Africain. Ils n'étaient plus que trois cents, lorsqu'ils obtinrent, quarante-neuf ans après, la permission de retourner dans leur patrie.

Une querelle, survenue entre les Achéens et Lacédémone, servit aux Romains de prétexte pour demander que cette dernière ville, Corinthe, Argos, Héraclée et Orchomène, fussent séparées de la ligue, dont elles n'avaient pas originairement fait partie. A la nouvelle de cette exigeance, dont l'on fit l'ouverture dans une assemblée tenue à Corinthe, le peuple de cette ville entra en fureur, au point d'insulter les commissaires du sénat. L'indignation gagna toute la ligue, qui se prépara à la guerre contre Rome, et entraîna les Béotiens et Chalcis dans sa téméraire entreprise. Ses troupes furent vaincues près de Scarphée, en Locride, par Métellus, accouru en toute hâte, de la Macédoine. Thèbes fut occupée, ainsi que plusieurs autres villes, et Corinthe vivement pressée. Le consul Mummius qui vint sur ces entrefaites prendre le commandement des troupes romaines, battit les Achéens devant cette ville, y entra et la livra aussitôt au pillage, puis à l'incendie. Le butin y fut immense. Aucune autre ville n'opposa enfin de résistance. La ligue achéenne fut dissoute. La Grèce aristocratique, administrée selon la volonté des vainqueurs, devint alors province romaine, sous le nom d'Achaïe, parce que l'Achaïe en était, à cette époque, la contrée la plus puissante. On y envoya tous les ans un préteur. Ainsi s'éteignit, l'an 147 avant J.-C., la dernière lueur que le flambeau de la liberté ait jetée dans la Grèce ancienne.

FIN.

CHEZ LE MÊME LIBRAIRE-ÉDITEUR.

COLLECTION

DES

MEILLEURS

ROMANS FRANÇAIS

ET ÉTRANGERS.

100 VOLUMES FIXES, IN-32,

(PAPIER CAVALIER-VÉLIN)

de 230 pages environ,

IMPRIMÉS PAR FIRMIN DIDOT.

A 1 fr. le vol. pour les souscripteurs, et 1 fr. 25 c. séparément.

Il en paraît exactement un le jeudi de chaque semaine.

La 1re livraison (*Claire d'Albe*) a paru le jeudi 2 novembre.

www.ingramcontent.com/pod-product-compliance
Ingram Content Group UK Ltd.
Pitfield, Milton Keynes, MK11 3LW, UK
UKHW020559180726
13838UKWH00001B/344